9 Cuentos de inmigrantes en los Estados Unidos

Eduardo Cabrera

ISBN-13: 978-1546502098

ISBN-10: 1546502092

CONTENIDO

4

Introducción

Tanto en las universidades como en las escuelas secundarias de los Estados Unidos el tema de la inmigración ha cobrado una gran importancia, especialmente en las últimas décadas. Tal vez es por ello que muchos colegas me están honrando con su uso de mi libro *Cuentos de inmigrantes en los Estados Unidos*, que publiqué en el año 2016. Debido a la excelente acogida de ese libro, y a la motivación de mis colegas, me he decidido a publicar esta nueva colección de cuentos sobre este crucial tema.

A través de una variedad de temas y estéticas, el lector de 9 *Cuentos de inmigrantes en los Estados Unidos* podrá reflexionar sobre las experiencias por las que atravesamos quienes hemos escogido esta nueva patria para vivir. Aunque muchas de esas vivencias son parte de un nuevo viaje colmado de sufrimientos, más allá de la difícil adaptación a una sociedad que muchas veces recibe con hostilidad a sus nuevos habitantes, también existe el éxito en algún punto del camino.

Pasando por la discriminación, el trato abusivo, el racismo, y muchos otros obstáculos, el inmigrante se acomoda al nuevo espacio en el que le toca vivir y contribuye significativamente a su nueva comunidad. Esta marca indeleble en el territorio escogido es quizás el mayor triunfo del inmigrante en los Estados Unidos.

Los personajes de esta nueva colección de cuentos cobran vida tanto a través de escenarios ficticios como también de situaciones extraídas de circunstancias de la vida real de muchos inmigrantes.

Sinopsis de los cuentos incluidos en esta colección:

Bienvenidos a Kentucky

La experiencia de un inmigrante hispano no es igual en estados como California que en estados como Kentucky. Cuando una familia de origen latino se debe mudar de un estado a otro, se encontrará inmersa en una nueva sociedad, mucho menos acostumbrada a tratar con personas de otras culturas. La discriminación que sufre una pareja es algo muy doloroso, pero cuando las víctimas son los niños resulta casi incomprensible.

La prueba

Un joven hispano ha muerto en una calle de la ciudad de Los Ángeles, en condiciones confusas.
El viejo experimentado periodista de la sección "policiales" de un prestigioso periódico, deberá investigar ese caso en el que se contraponen dos versiones antagónicas: la versión oficial difundida por la policía, versus la versión que dan testigos de la comunidad hispana.

Espanglish

El uso de la lengua es un factor muy importante en la experiencia de un inmigrante. Cuando la familia de Ernesto se muda de un estado a otro, cuestiones que tienen que ver con el uso del inglés y el español toman un lugar central tanto en su vida familiar como en sus relaciones en la escuela y la comunidad. En su lucha contra la discriminación el protagonista será testigo de la evolución de una sociedad que de ser "lingüísticamente purista" pasa a aceptar la riqueza del Espanglish.

El regreso

Las elecciones presidenciales en los Estados Unidos trajeron muchas consecuencias negativas, especialmente para los inmigrantes indocumentados. Gabriel, que ansía volver a ver a su madre después de muchos años de haber emigrado, es arrestado poco tiempo antes de lograr juntar el dinero para cumplir su sueño. El sistema privado carcelario y el maltrato que reciben los presidiarios, constituyen una realidad que pareciera sostenerse con el correr de los años.

El primer trabajo en los Estados Unidos

Felipe está recién llegado en los EEUU. Busca denodadamente un nuevo trabajo. A la carencia de documentos migratorios se le suma la dificultad con la lengua inglesa. En el país de las oportunidades el protagonista deberá buscar en su propio acervo cultural las herramientas que le posibilitarán (o no) cumplir sus sueños. Para ello deberá derribar un sinnúmero de barreras que su condición de inmigrante le presentan.

Mi primer torneo de ajedrez en los Estados Unidos

Un hombre debe sobrepasar los obstáculos que encuentra por su condición de inmigrante. El trato que algunas personas le dan por ser hispano y las connotaciones que tiene su imagen de ser "minoritario," hacen que tenga que dar las explicaciones necesarias para poder funcionar en la sociedad estadounidense. La vida será, para este hombre, como una partida de ajedrez: parte será producto del azar y parte será consecuencia de saber crear estrategias de supervivencia. Aunque el final de la partida no sea lo justo que debiera ser.

Entre mundos

Un hombre atormentado por su pasado, no puede dejar de revivir unas tensas imágenes perturbadoras. Las acciones se desarrollan en dos contextos que coexisten en la mente de ese inmigrante. Su trabajo rutinario hace que esas imágenes afloren una y otra vez. Inmerso en dos dimensiones temporales y espaciales, ese ser angustiado debe sortear los constantes obstáculos que la realidad de su nuevo territorio le presenta.

Llegaron las elecciones

Corre el año 2067. Un país que ha cambiado estructuralmente cuenta con una historia decadente: tres presidentes fueron destituidos en los últimos años. La sociedad se ha transformado radicalmente, siendo la apatía uno de sus rasgos fundamentales. Los grupos minoritarios han perdido todos sus derechos. El desinterés más absoluto queda de manifiesto cuando el pueblo decide no participar del proceso electoral del país.

La puerta interior:

Un grupo de cinco personas fueron invitadas a celebrar el cumpleaños de Jesús, en un pequeño apartamento ubicado en una ciudad del sur del estado de Illinois. La espera al anfitrión da lugar a una discusión sobre la llegada de un numeroso grupo de niños inmigrantes a los Estados Unidos. Las opiniones contrapuestas representan uno de los debates más controversiales que existen en el seno de la sociedad norteamericana.

Eduardo Cabrera

Voces inusitadas en lo cotidiano de la "nueva sociedad" estadounidense

Luis A. Ramos-García, *University of Minnesota*

> [En] *Cuentos de inmigrantes en los Estados Unidos*, [Eduardo Cabrera] nos enfoca precisamente en el caso variopinto de la inmigración hispana a este país, de la ya histórica y también actual llegada continua de seres y familias oriundas de tantos puntos de nuestro universo caribeño y continental . . . nos encontramos [actualmente] con la enorme contradicción entre las imágenes y la retórica que consumimos cada día, incoherencia que impulsa la negación de una realidad demográfica que está cambiando para siempre la faz de la nación. (Kenya Dworkin)

De esta cita introductoria al primer libro de cuentos de Eduardo Cabrera, y del título de este ensayo llegamos a la certeza de que se podría editar una amplia antología de estas voces inmigrantes que se remontara a los grandes desplazamientos humanos latinoamericanos del siglo XX y que llegara paulatinamente hasta la primera década del siglo actual cuando el "nuevo discurso inmigratorio" diera inicio a un retroceso pro nacionalista y demagógico que afectaría la vida de millones de personas. En la reorientación de sus investigaciones socio-literarias—hábil y sagaz en su meta-discurso testimonial—Cabrera no solo se introduce en la dinámica social de lo cotidiano, sino que además hace que de la subjetividad de sus atribulados personajes surja una exégesis capaz de procesar un ambiente sociopolítico anti inmigrante, en el que paradójicamente lo promisorio y lo amenazante se han ido convirtiendo en parte de una nueva definición del llamado "sueño americano."

Aunque se podría correr el riesgo de reproducir el criticado "discurso del perdedor," el viraje contraproducente manifiesto por lo cotidiano del discurso anglosajón—de santuario de la libertad a recinto de la intolerancia—permite que estas viñetas vivenciales encuentren su vigencia en testimonios que exteriorizan la gestación de un "nuevo imaginario social," alimentado por una vicisitud ciudadana-gubernamental que no oculta su desdén por el inmigrante latino al que por lo general criminaliza y demoniza reiteradamente.

Significativamente, los nueve cuentos con los que Cabrera compone su secuela narrativa señalan una segunda (meta) dimensión en la que se encierran esencialmente, estructuras simbólicas de asimilación, resistencia y pertenencia ciudadanas. La historia de este ansiado mimetismo ciudadano, por parte de la latinidad estadounidense, muestra sin embargo, que los vínculos con esa realidad deseada dista mucho de ser acogida por un sector conservador que prefiere no sostener diálogo alguno y que se va haciendo cada vez más recalcitrante.

En "Bienvenidos a Kentucky," Cabrera pone a prueba los conceptos de adaptación y asimilación que distinguen a sus personajes hispano-estadounidenses. Se trata de asumir algunas prácticas cotidianas concretas: el mudarse de la gran urbe californiana al "cinturón bíblico" del Kentucky sureño; el andar por la nueva ciudad e interactuar en la negociación cotidiana; el hallarse en la parte debilitada de la otredad y la alienación; el sentir la ambivalencia y la complicidad de la sociedad mayor y la presencia de aquellos que por su prejuicio e ignorancia, son incapaces de reinventarse en su antagonismo étnico-racial. En un diálogo de ida y vuelta, el narrador y su familia advierten que la hostilidad de Kentucky se manifiesta en todos los frentes, desde el vendedor de zapatos hasta la burócrata insensible; desde la "simpática viejita," que groseramente les pide que se vayan del país, hasta la tienda de muebles que los deja simbólicamente sin cama, no olvidando el infame trato que recibe el hijo por parte de sus compañeros de escuela y del profesor. En una mezcla de proximidad, distancia e ironía y en un santiamén, el cuento muestra como caja de resonancia la fragilidad extrema del arquetipo latino, hermanando a sus futuras circunstancias, nociones de temor, y reticencia.

Por otro lado, en "La prueba," aparece una narrativa de interpretación que pone en tela de juicio la fidelidad de un video oficial en el que a ciencia cierta se tergiversan los acontecimientos reales de la muerte del inmigrante Santiago García, a manos de la policía. En los procesos de recepción visual ambos lados de "la verdad" se relacionan entre sí de maneras absolutamente diferentes y para Enrique Oliva, *alter ego* de Eduardo Cabrera, las evidencias de un imprevisto video, filmado por otro testigo, prueban—muy adecuadamente a la época—la manufactura de una "verdad alternativa" que en su registro ofrece pruebas concretas de la criminalidad del elemento latino indocumentado, de su tendencia a la violencia y de la efectividad con la que las autoridades pueden responder a su fortuita presencia en el país. Sobre la base de un testimonio visual y una traumática historia de violencia entre la policía y la comunidad minoritaria, el periodista Oliva reconstruye un frecuente panorama de respuesta armada que hace ostensibles la impunidad policial y el encubrimiento cómplice de los medios de comunicación cuyo silencio y acomodo descartan virtualmente el abuso y la prepotencia de una muy vulnerable población.

Más que designar de manera exacta el trazado científico de un dialecto, lo que hace Cabrera en "Espanglish," es señalar en principio la vigencia de un litigio de política educativa condicionado por una querella de integración docente maniobrado, suspicazmente, para dejar sin agencia a aquellos designados como entidades advenedizas al sistema pedagógico anglo estadounidense. Ambivalente y provista de paradigmas de significados contradictorios, la directora de una orquesta en un distrito escolar de Illinois determina en la historia que, "[Ernesto] carecía de la compostura y de la circunspección necesarias y requeridas para representar a la escuela, en caso de que fuera seleccionado para competir contra otras instituciones, y ni pensarlo para viajar a otros estados." Poseedor de un oído absoluto y de una probada habilidad para tocar piano, violín y saxofón, Ernesto—su familia y hermanos—se troca abruptamente en una víctima de esquemas educacionales obsoletos y prejuiciados, en un dispositivo humano percibido como un ente rezagado, en un ícono de su etnia incapaz de educarse y recibir el tutelaje y la experiencia necesarios decretados por las leyes de su propio país.

De esta manera, no es de extrañar que hacia la segunda parte del cuento, dentro ya en lo cotidiano de su nueva sociedad californiana, Ernesto continúe vulnerable no solo a una "inconveniencia pedagógica," sino que además enfrente una discriminación tan sutil que por su sofisticada dinámica cotidiana podría destruir el respeto a su propia persona. No obstante la complejidad de este desequilibrio psicosocial, Cabrera señala, esperanzador, la irrupción de un poderoso mecanismo de defensa—una explosión cultural hispano estadounidense—en el que la afirmación de la identidad, apoyada por una lengua en evolución (el espanglish), va determinando el advenimiento de una generación heterogénea de formadores de sentido que impugna su condición monolingüe y que yuxtapone su vocación multicultural sobre una insularidad que ya no representa el futuro nacional.

Uno de los argumentos empleados en "El regreso," es el de no contar desde la omnisciencia lo que el saber popular analiza y rumorea sobre ciertos acontecimientos ocurridos en el imaginario nacional; por ejemplo los efectos del cambio de guardia ocurrido en la Casa Blanca y/o las nuevas políticas inmigratorias que el Ejecutivo y el Departamento de Inmigración y Aduanas pusieron en marcha desde mediados de enero del 2017 bajo el pretexto de "proteger la nación" contra inmigrantes criminales. En lugar de referirse al debate público, el autor opta por reconstruir el estado anímico del protagonista (Gabriel), los motivos interiores que guían sus actos, su reacción psicológica ante el arribo del infortunio, o su estado emocional imperceptible a la observación externa. Semejante postura permite que el yo-narrativo elabore una especie de monólogo interior cuyas contingencias agrupan problemáticas insolubles, presagiadas en su temporalidad por un fatídico martes 13, una malintencionada política gubernamental, un deseo de ver a su madre que agoniza en México y por un ciclo de ilegalidad que va llegando a su culminación inaplazable cuando el sheriff lo arresta por no tener documentos. Como observador omnividente, Gabriel adquiere un continente desde donde se le hacen asequibles no solo todos los actos, sino también todos los pensamientos y todas sus consecuencias. De esta manera puede verse desfilando, vestido de presidiario y en rosado, por las calles de un pueblo que le transmite su hostilidad a gritos y a golpes, a la manera como los antiguos romanos hacían pasear a sus esclavos antes de deshacerse de ellos. En un mundo de dimensiones y valores ideológicos controvertidos, el espíritu de Gabriel se quiebra, envuelto ahora en una realidad inmanente donde el nuevo cruce de la frontera hacia el sur ya no significa nada.

En "El primer trabajo en los Estados Unidos," al profundizar en la problemática de la inmigración latinoamericana, existe una toma de conciencia y una urgencia de carácter reflexivo y especulativo cuyo

12

ajuste estratégico depende en cómo el narrador-partícipe (testigo presencial) se coloca a sí mismo en contradicción o en concierto con las posturas institucionales y/o los dispositivos de conducta definidos por la sociedad mayor. Al referirse a la primera instancia, Kenya Dworkin afirma que entre las motivaciones para abandonar la familia, la comunidad y el suelo patrio figuran "la inestabilidad económica, la corrupción política, la represión, la violencia pandillera, la falta de libertad y el narcotráfico," y que "tales vicisitudes afectan no solo a los personajes pobres, sino también a las personas preparadas y profesionales." Por otro lado, y como continuación de la misma circunstancia, en "Mi primer torneo de ajedrez en los EE.UU.," su autor elabora autobiográficamente una teoría del ocio como un conjunto de ocupaciones a las que el individuo puede entregarse de manera completamente voluntaria tras haberse liberado de sus obligaciones profesionales, familiares, y sociales, para descansar, para divertirse, y sentirse relajado para desarrollar su persona o su formación desinteresada, o para participar voluntariamente en la vida social de su comunidad. En ambos casos se podría inferir que en todo momento el inmigrante latino (documentado o no) percibe su construcción de honorabilidad y subsistencia, no solo en su capacidad para obtener, retener y prosperar en un mundo laboral protegido por un sistema equitativo y funcional, sino que además manifiesta su deseo de ejercitar sus capacidades intelectuales (su ocio productivo) como un mecanismo necesario para desarrollar su intelecto y su entendimiento de pertenencia social.

Ajeno a las estadísticas que lo ubican al zócalo de la pirámide inmigrante, Felipe el ajedrecista /actor teatral /figura de la televisión latinoamericana hace frente a un estigma que lo describe desde el momento que pisa suelo estadounidense: no tiene documentos, habla un inglés incipiente o con fuerte acento, acepta servilmente oficios de ínfima categoría u oficios relegados—"odd jobs /trabajillos o cachuelos"—y se sujeta a patrones abusivos que le sustraen el derecho a soñar despierto. Sin embargo, en el discurrir diario de su potencial, en la búsqueda de ese primer trabajo, Felipe descubre—auxiliado por su experiencia educativa—que sus anhelos profesionales están dotados de un peso ontológico que legitima su derecho a un tipo de vida que merece ser vivida en toda su plenitud. Al admitir este planteamiento, sus sueños empiezan a girar en torno a lo que "me gustaría ser o a lo que podría ser," tal vez un maestro de actuación o un actor de primera, y allí radica su argumento existencial, en su deseo de ser aquilatado y comprendido en su afán de distinción, y en el predominio de su razón y de su capacidad. Aunque Felipe podría representar el posible éxito de la perseverancia, el testigo presencial de "Mi primer torneo de ajedrez en los Estados Unidos," un maestro ajedrecista latinoamericano, experimenta en carne propia un sinfín de conductas xenofóbicas exteriorizadas en un certamen de ajedrez, deporte mental que, no con cierta ironía, basa su reputación en la justicia, en el potencial de la inteligencia y en la transmisión de valores. Independientemente de su status migratorio, el maestro ajedrecista contempla y sufre los efectos de un corro discriminatorio y hostil que lo identifica arbitrariamente como un sujeto falto de legitimidad participativa. En su aspiración por probar sus méritos propios, el maestro ajedrecista sostiene una partida final donde ulteriormente un envilecido rival y un deshonesto jurado calificador acaban por despojarle del triunfo y de su sueño de integración.

En el polo opuesto, en la medida que otro protagonista, un refugiado político del cono sur en los Estados Unidos, va escribiendo las líneas de una narrativa que pretende ser paralela en su imaginación— caótica, violenta, incierta—la memoria falseada, la imagen invertida, la oscuridad, y/o las metáforas visuales lo sumergen en una niebla ideológica en la que se van fusionando las marchas políticas de un presente muy próximo ("No es mi presidente") con las brutales imágenes de otras manifestaciones temporales de un pasado que el personaje no puede disipar. "Entre mundos," establece una fábula del remordimiento, un acto de conciencia que remite al omnisciente yo hacia la realidad onírica de un mundo alterno donde se fragua una vieja traición, y que ahora atormenta al joven refugiado cuando creía que aquellos pañolones blancos, esas protestas callejeras, esa imagen ensangrentada de una compañera cuyo nombre le martiriza, o esa delación cobarde de una célula revolucionaria que él mismo dirigía, eran segmentos confusos que el exilio voluntario había ayudado a relegar. Al otro lado de una frontera mítica y desde esa evaluación específica de lo verdadero y lo imaginado, al tomar una decisión irrevocable, el afligido protagonista halla su redención.

Pero si en el cuento anterior encontramos indicios de un caos político en ciernes, ilustrado por protestas políticas y memorias indelebles de un pasado tumultuoso, en "Llegaron las elecciones," el narrador fija de entrada un marco que se presenta como la mimesis paródica de un mundo ficcional ubicado en el año 2067. En esta probabilidad futurista, los personajes, la atmósfera, el ritmo y lo cotidiano hacen todo lo posible para persuadirnos que los Estados Unidos es ahora un país tercermundista y que para enraizar y acentuar esta circunstancia los diferentes expositores, no solo hablan del fracaso de sucesivas administraciones—sea por la venta de secretos militares, incapacidad, corrupción o desequilibrio mental—sino que además evocan una gestión fallida cuyo historial revela una verdad histórica: millones de personas se abstienen de votar en la gran democracia occidental. Cincuenta años más tarde, los candidatos a la presidencia siguen siendo hombres viejos y blancos con el añadido que en varios estados, ni las minorías raciales, ni los homosexuales podían acercarse a las urnas y mucho menos postular por un puesto político. Sin embargo, consecuente con una tradición electoral en la que el voto electoral es más que una obligación, el nuevo ciudadano asume su rol constitucional, solo para encontrarse con que el vacío del recinto electoral y los medios de comunicación revelaban lapidariamente que a nadie le importaban los resultados.

Ya hacia las postrimerías de esta colección de cuentos, se podría discurrir que la narrativa ingresa a veces en la realidad cotidiana circundante como una parte independiente de ella, reflejando y modificando en su contenido las particularidades de otras esferas tales como el sentimiento de solidaridad, la compasión, la política, y/o la religión. Ese podría ser el caso de "La puerta interior," en la que cinco personajes de origen hispano, a lo largo de una espera absurda, van interactuando—a pesar suyo—ilustrando con ello el síndrome de una división de clases sociales profunda, aunada no solo a la ausencia de un

15

diálogo franco (nadie dice lo que piensa en realidad), sino también a un laboratorio perentorio de actitudes discriminatorias, a un status migratorio de niños refugiados (y abandonados), a la existencia de una puerta misteriosa, y a la pregunta clave de si tiene o no tiene sentido esperar a un huésped poco conocido (Jesús) que a lo Godot de Samuel Beckett nunca llega. Resulta plenamente comprensible que con tales desencuentros, el narrador deje a nuestro criterio el conectar la condición humana del viejo invitado con lo inmaterial de la puerta interior y con los personajes bíblicos de Jesús (que ese año cumple simbólicamente 33 años), José, Magdalena y el viejo Ángel.

Coda

Se puede decir que la problemática de la inmigración en el presente está monopolizada por los medios de comunicación y por las agencias del gobierno que persiguen tanto al indocumentado como al que es definido por su apariencia étnico-racial. En ese largo periodo de su existencia histórica, el discurso gubernamental ha sabido maniobrar las ramificaciones de este conflicto humano sin someterlo a un meticuloso análisis crítico desde una visión cultural de prestigio y la práctica de lo cotidiano popular: de allí nace la constante demonización de los grupos hispanos y de allí su profundo desprecio hacia lo que se percibe como ilegal e inculto.

El segundo volumen de Eduardo Cabrera asume el encargo social de esa pesquisa, evitando dar la impresión de que al artista se le exige que realice las tareas sociales no como un artista, sino directamente como político, como filósofo, como sociólogo; en pocas palabras que trabaje en y desde una especialidad que no es la suya. No obstante, para pasar a la realización de la tarea social, Cabrera traduce al lenguaje de la literatura misma las inquietudes de una política cultural que postula una alianza duradera e interdisciplinaria entre las voces silenciadas por el miedo y los sectores progresistas de esta nación. Solo de esa manera, el narrador argentino (testigo presencial) puede afirmar que la tarea social tiene la capacidad de penetrar en el interior del arte como en su propio elemento natural, y que el discurso de la literatura no es más que un dialecto funcional provisto de un único lenguaje social al servicio de la ciudadanía. En esa abstracción radica la novedad de estos cuentos.

16

Bienvenidos a Kentucky

Después de vivir más de diez años en California, tuve que mudarme a Kentucky. Louisville era una ciudad de tamaño yo diría mediano, pero era muy chica comparada con Los Ángeles. Lo primero que hice al llegar al estado del césped azul (aunque en realidad no existe de ese color) fue comprarles camas a mis hijos. Me ponía contento la idea de comprarles de esas camas que tienen puertitas para guardar cosas, aunque la verdad es que los chicos usan esos espacios para esconderse y hacer otro tipo de juegos. A la mañana siguiente del día de la mudanza de toda la familia, descubrimos algo infame: los pijamas de mis tres hijos estaban teñidos de la pintura que despedían las hermosas camas infantiles. Mi esposa y yo no sabíamos si reír o llorar. Fuimos inmediatamente a la tienda en la que habíamos comprado las camas. Explicamos lo que había sucedido, aceptaron nuestra explicación, nos permitieron que eligiéramos otras camas y a la semana siguiente las recibimos. Fue un trámite aparentemente sencillo. Una semana de dormir en el suelo no disminuyó la alegría que sintieron los chicos al escuchar el timbre de la puerta. Atendí al señor del *delivery*, firmé el correspondiente recibo y se produjo la segunda calamidad: las nuevas camas no entraban por la puerta. Enseguida llamamos a la persona que nos vendió las camas. Se produjo entonces un diálogo

17

multitudinario, pues en la discusión participaron mi esposa, el vendedor, el gerente de la tienda, y yo. Mientras tanto, el señor que trasladó las camas permaneció inmutable a lo largo de toda la conversación cual testigo limitado. Yo pedí que simplemente nos devolvieran el dinero, y ahí no había pasado nada.

-El dinero no se los podemos devolver. Pero pueden comprar otras cosas: tenemos mesas, sillas, hermosas cómodas...

-¡Nuestros hijos no pueden dormir en una mesa! –respondí ya bastante alterado.

La rotunda negativa del vendedor causó una discusión tan absurda que duró más de media hora. El hombre que llevó las camas observaba impávido, sin decir una palabra, aunque temblaba como una hoja. En medio de la agitada conversación surgió el asunto de quién habría de pagar el traslado de las camas.

-Pídanle a alguien de la iglesia –dijo el gerente con toda naturalidad.

Yo no podía creer lo que estaba escuchando. Mi esposa, cansada de tanta discusión, les reiteró que debían devolvernos nuestro dinero, a lo cual el vendedor volvió a negarse.

-Entonces tendremos que recurrir a nuestro abogado. Les haremos un juicio.

-Ja, ja, ja. No hay problema. Nosotros tenemos muchos abogados.

En nuestros primeros días en Kentucky así estábamos: sin dinero y sin camas. Esa noche no pude dormir; tuve varias pesadillas. Estábamos en California y disfrutábamos de una fiesta con muchos amigos; todo iba de maravilla cuando de repente una excavadora arrasó con cuanta cosa se le aparecía enfrente: al principio las mesas, sillas y las luces que decoraban alegremente la fiesta; luego se llevó la casa y a todos los invitados. Mi esposa me despertó, y reaccioné agitado:

-¡En Los Ángeles nunca nos pasó nada semejante! –grité atolondrado.

No me podía quedar así, de manera que decidí hacer algo para intentar que nos devolvieran el dinero. Me presenté entonces en la oficina de *Consumer Protection.* Era una de esas oficinas tan comunes que carecen completamente de cualquier rasgo de personalidad. La empleada que me atendió me sonrió con una de esas muecas típicas del amaneramiento con que se trata a los clientes en los Estados Unidos. Me dio a llenar un formulario, me indicó que me sentara y evitó cualquier intento de entablar una conversación conmigo. Terminado el trámite nos despedimos como si fuéramos dos viejos conocidos acostumbrados a vernos diariamente. A los dos

19

días recibimos un llamado de la tienda en el que nos decían que podíamos pasar a recoger el cheque por el importe que habíamos pagado por las camas. No hubo explicaciones, excusas ni diálogos; simplemente fue una fría comunicación como si fuera parte de una simple transacción comercial. Hasta ahí la primera etapa de nuestra experiencia en Louisville. La historia de las camas, pensamos, pasaría a ser una curiosidad más en nuestra vida en esa ciudad; una simple anécdota que con el tiempo contaríamos con la risa que permite la perspectiva de la distancia temporal.

La primera visita al centro comercial de Louisville fue otra bienvenida curiosa para toda la familia. En cuanto entramos, una anciana que vio a mis tres hijos expresó en voz alta: "Uno, dos, tres… ¡dios mío!" Evidentemente ella nunca había visto una familia tan "numerosa", según su cultura. Nos resultó cómico, pues viniendo de Los Ángeles donde es muy común ver familias latinas con cuatro, cinco y hasta más hijos…

Me llevé a los chicos al patio de recreo del centro comercial (un típico lugar para atraer a más clientes con hijos y estimular el consumismo), mientras mi esposa iba a derrochar el dinero en cualquier cosa. Entró en una tienda de zapatos baratos. Estaba ensimismada en las ofertas que ofrecían cuando, de repente, se le acercó una simpática viejita.

-¿De dónde eres, mi amiga?

Mi orgullosa consorte le respondió con entusiasmo, alegre por el cariñoso contacto de esa desconocida:

-Soy de El Salvador, y mi esposo es de Argentina.

-¡Y por qué no te regresas a tu país? —contestó levantando la voz la endemoniada mujer con una agresividad que había mantenido escondida, como una gata agazapada esperando para atacar.

El divertimento de mis hijos en el patio de recreo duró poco. Pronto apareció mi esposa con cara de pocos amigos. No me animé a preguntarle qué le había pasado frente a los chicos, pues ellos vivían una alegría temporal que no queríamos interrumpir por nada del mundo.

Por fin llegó el primer día de clases. Todo era nuevo para nosotros: la escuela, los profesores, los estudiantes, la ropa, los útiles escolares, los libros, las costumbres, los colores de los edificios, los olores... Y sobre todo se destacaba en nosotros una intensa necesidad de tener éxito, de lograr buenas experiencias.

Matías tenía su primer día de la clase educación física. Lo que le interesaba más era que tendría la oportunidad de practicar algún deporte, y en especial fútbol, ya que su tío había sido un jugador profesional en Los Ángeles. El profesor les había dicho que en un par de semanas comprarían las camisetas de fútbol de la escuela para participar en competencias intercolegiales. Matías no veía la hora de comenzar a jugar. Más de diez pelotas inundaron la cancha de fútbol. Todos los muchachos se lanzaron a patear cuantas más pelotas les era posible. De forma natural aquellos que se inclinaban por la posición de arquero corrieron a "su" arco velozmente, y ocuparon su puesto. De inmediato comenzaron a atajar todo tipo de disparos, incluyendo penales. A Matías le interesaba más la posición de delantero, pues tenía experiencia en ese lugar y no hacía mucho se había consagrado como goleador. Claro que eso correspondía a su experiencia en su anterior escuela. Ahora iba a tener que demostrar nuevamente qué tan capaz era. El profesor tocó un silbato que fácilmente pudo ser escuchado a lo largo de toda la cancha. Todos se juntaron en el círculo central, ansiosos de saber cómo integrarían los dos equipos. Jeremías, un jugador alto y fuerte con ínfulas de líder gritó: "¡Blancos contra negros"! Un fuerte murmullo recorrió el grupo, hasta que el profesor dijo: "Bueno, ¡adelante"! Matías se quedó congelado; sintió que sus piernas le temblaban. Quedó tan desconcertado que su mente se le puso completamente en blanco. Fue casualidad, o producto del cálculo de Jeremías, pero lo cierto es que el grupo pudo dividirse justo en mitades iguales en base a lo propuesto por el líder auto elegido. Cada grupo ocupó uno de los dos lados. El profesor, al ver a Matías le gritó: "Juez de línea", señalándole que ocupara una de las bandas de la cancha.

A lo inesperado y decepcionante de la función que se le había asignado, se sumaba el hecho de que ninguno de sus compañeros le hacía caso cuando Matías tomaba una decisión. Si la pelota salía de la cancha todos seguían jugando, no importándoles que el juez de línea levantara la banderilla... Si alguien cometía una infracción, y el profesor no se daba cuenta, también seguían jugando. Matías era completamente invisible para todos. De esa manera, el partido de fútbol habría de sumarse a una larga lista de frustraciones para el joven recién llegado.

Aquella noche Matías contó, con lujo de detalles, cómo había sido su experiencia en la clase de educación física. Esperaba así contar con el apoyo y la comprensión de su familia.

-Mi clase también jugó blancos contra negros   —dijo Federico.

-¿Cómo? —preguntó Matías, incrédulo.

—¡Es que nosotros jugamos al ajedrez!

La carcajada generalizada no le hizo ninguna gracia a Matías, que todavía no se reponía del golpe psicológico que había recibido en la cancha.

–Por lo menos en el ajedrez somos todos iguales... nadie tiene que hablar –agregó Federico, con una sonrisa cómplice.

Alicia y yo nos quedamos en silencio, pues no sabíamos qué decir. Por suerte, David, el menor, nos sacó del apuro.

-Lo que pasa es que la gente necesita tiempo para acostumbrarse a nosotros.

-Es cierto –agregué rápidamente apoyando lo que decía David.

Continué con una larga perorata tratando de explicar la actitud de la gente de ese estado del medio oeste. Alicia acompañaba mi razonamiento con cíclicos bostezos. Poco a poco los muchachos se fueron quedando dormidos.

A la mañana siguiente, mientras los chicos estaban en la escuela, llegó una cómoda que había comprado la semana anterior en una mueblería con muy buenas ofertas. Esta vez habían dejado el mueble frente a la puerta de entrada. Abrí cuidadosamente el grueso envoltorio y enseguida descubrí que estaba roto. La madera de arriba de la cómoda no solo se había despegado sino que estaba partida de manera muy visible. Llamé inmediatamente a la mueblería y le expliqué la situación al vendedor que me había vendido la cómoda.

-¿Qué tal si le doy veinte dólares y se queda con el mueble?

—me dijo con total desparpajo el empleado que recibió mi queja.

Una vez más me sentí insultado. Más aun, me sentí ridiculizado... menospreciado. El corto diálogo fue tan banal que ni merece la pena recordarlo. Devolví la cómoda, me devolvieron el dinero y san se acabó.

Todo esto que nos pasó en Louisville quedó intensamente grabado en mi memoria; y por eso me gusta recordarlo en vos alta. Y por eso te lo he contado tantas veces.

Mi esposa, que tampoco podía conciliar el sueño, se dio vuelta hacia mí dejándome ver un rictus de resignación.

-¿Tienes algún buen recuerdo de tu estancia en Kentucky? —me preguntó Alicia con un tono triste y melancólico.

-Por supuesto que sí —le contesté con toda naturalidad-. El regreso.

-¿Cómo "el regreso"? ¿Qué quieres decir?

-Cuando se enteraron que nos íbamos a mudar, todos los vecinos se acercaron a ayudarnos. Estuvieron varias horas ayudándonos a cargar todas las cosas al camión de la mudanza. Nunca nos habían hablado antes. En tres años nunca nos dirigieron la palabra. No sé el nombre de ninguno de ellos. Sin embargo, fueron muy amables. Sí, nos ayudaron muchísimo, y nos despidieron con una gran sonrisa, felices al vernos partir.-

La prueba

El cuerpo inerme de Santiago García, como si hubiera sido perfectamente colocado en el centro mismo de la avenida principal, estaba rodeado de cinco oficiales de policía. En los videos disponibles al público solo se podía ver un hilo de sangre que emergía de la frente del cadáver y se transformaba en un redondo charco color ocre profundo al llegar al pavimento. Ningún otro detalle de la escena del crimen se podía observar, a pesar del sol radiante que inundaba el ambiente.

La policía dio a conocer un detallado reporte de los hechos, como es habitual en estos casos, y se preocupó por hacer llegar a todos los medios de comunicación la información oficial de lo sucedido acompañada de un video. La versión oficial de la policía establecía contundentemente que Santiago había estado caminando erráticamente por la calle, y cuando se le acercó un auto policial lo enfrentó a tiros. Prueba de ello, según el reporte, era la pistola encontrada en la calle, justo al lado del cadáver, y que muy bien se podía ver en el video. Para confirmar que se había hecho un buen trabajo, las autoridades se aseguraron de dar, con lujo de detalles, un detallado historial de la víctima. La característica principal que se resaltaba en ese historial era la condición de inmigrante de Santiago. Y se recordaba una supuesta estadística sobre crímenes cometidos por personas indocumentadas. Además, varios policías entrevistados en los medios de comunicación habían hecho circular la versión de que el video mostraba claramente que el desafortunado joven estaba caminando con gran dificultad, como si estuviera borracho o drogado.

Inmediatamente en los programas de televisión comenzaron a realizarse debates sobre los inmigrantes indocumentados (los "ilegales" decían muchos comentaristas en forma despectiva) y la situación de gran inseguridad que se vivía en una sociedad cuya mayoría los rechazaba. Muchos periodistas insistían en la necesidad de deportarlos a todos. Otros, los más extremistas, trataban por todos los medios posibles de insistir en la aplicación de la pena de muerte para los indocumentados que cometieran crímenes.

Enrique Oliva, periodista experimentado del diario La Opinión, de Los Ángeles, había sido asignado a cubrir el caso. Como durante ese año se habían producido varios hechos de violencia policial en contra de personas de los grupos sociales minoritarios, y tratándose en esta ocasión de una víctima de origen hispano, este caso había llegado a tener una gran repercusión en la comunidad latina. Por eso mismo, lo primero que hizo el viejo Oliva fue ver reiteradas veces el video oficial, y además buscó toda la información existente en la red y en especial en las páginas sociales como Facebook y otras. No le sorprendió ver en youtube el mismo video que la policía había hecho circular en los medios. Su experiencia le decía que algo más podía hallar en internet, algo importante para su investigación. Encontró, como era habitual en estos casos, el testimonio de varios testigos que apuntaban a culpar a la policía que, según ellos, había matado a un hombre desarmado a sangre fría. Oliva volvió a ver el video oficial una y otra vez, y ahí estaba claramente la prueba del delito: una pistola al lado del cadáver. El viejo reportero decidió entonces que debía entrevistar a los testigos. No le fue difícil encontrar gente dispuesta a hablar de lo que había visto. La comunidad latina de la ciudad se estaba preparando para participar en una manifestación en contra de la violencia y brutalidad policial.

El testimonio de los vecinos no hizo más que corroborar la idea, compartida por gran parte de la sociedad, sobre la culpabilidad de la policía. Esa noche, Oliva regresó a su casa con un gran sentimiento de frustración. Los testimonios se contraponían a la única evidencia concreta que proporcionaban las imágenes del video oficial. Como no podía compartir ningún detalle de su investigación con su esposa, no quiso cenar y se fue a acostar mucho más temprano que la hora acostumbrada. Ni bien cerró los ojos comenzó a soñar. Un hombre de tez oscura caminaba por el medio de una avenida, con las manos en alto. Rápidamente varios oficiales de policía corrían hacia él. Un estruendo ensordecedor despertó al viejo Oliva, quien sintió repentinamente un fuerte dolor en el pecho. Su esposa lo encontró muy agitado, con los ojos desorbitados y su frente empapada de sudor.

-¿Qué pasó? –le preguntó Adela- ¿Por qué gritaste? ¿Estás bien?

Oliva no pudo contestarle. Con un ambiguo ademán le señaló la puerta, y volvió a intentar dormir.

Al día siguiente regresó a la escena del crimen. No sabía qué buscaba ni tenía idea de lo que iba a hacer en ese lugar inhóspito. Solo caminó de un lado al otro de la cuadra, como esperando algo.

Juan Carlos, un joven estudiante al que el avezado periodista había entrevistado el día anterior, estaba sentado en el porche de su casa. Lo saludó muy amablemente a Oliva, y éste se le acercó rápidamente para iniciar una conversación. Hablaron de bueyes perdidos, pues al veterano reportero no se le ocurría ninguna nueva idea para seguir profundizando en los hechos que habían llevado a la muerte de Santiago. En el medio de la charla sonó el teléfono celular del muchacho. En ese momento, al viejo reportero se le ocurrió preguntarle si sabía de alguien que pudiera haber filmado el encuentro de Santiago con la policía.

-Yo filmé ya cuando estaba muerto –dijo el joven sin darle importancia-, pero es lo mismo que mostraron por televisión.

-¿Puedo ver lo que filmaste?

Automáticamente se sentaron en un par de sillas de mimbre que acusaban el paso de los años, tanto por su crujido como por su descascarada apariencia. Habían visto apenas unos pocos segundos del video cuando el viejo Oliva sufrió un pre infarto. Sin perder tiempo Juan Carlos llamó a una ambulancia, y se llevaron al anciano al hospital más cercano. Luego de una operación de emergencia y una semana de cuidados especiales en el piso de terapia intensiva, los médicos le dijeron que habían logrado salvarle la vida gracias a que lo atendieron justo a tiempo.

-Fue un verdadero milagro. Tiene que estarle muy agradecido a la persona que llamó tan rápidamente a la ambulancia.

Oliva se emocionó al escuchar esas palabras. El médico agregó que, durante su estancia en terapia intensiva, había recibido la visita de un joven que no quiso decir su nombre, pero que había dejado un sobre para él. Sin perder tiempo, el convaleciente anciano lo abrió rápidamente y encontró un disco de computadora.

La esposa de Oliva permaneció junto a él casi todo el tiempo que estuvo en el hospital, y todos sus compañeros de trabajo fueron a visitarlo, pues admiraban su profesionalismo y honestidad. A lo largo de los años Oliva se había forjado un gran prestigio como uno de los mejores periodistas de la sección policiales del periódico.

Apenas repuesto de sus intensos dolores, Oliva le pidió a Adela que le llevara su computadora. Luego de una breve discusión la impotente mujer comprendió que era inútil luchar contra la tozudez de su marido.

A la mañana siguiente Oliva recibió una visita inesperada: el jefe de redacción de La Opinión.

-Descubrí la verdad sobre el caso Santiago García —le dijo Oliva con gran excitación.

-Cálmese, Oliva. ¿De qué está hablando?

-¡Conseguí un nuevo video!

-¿Qué video?

-Del crimen. Del asesinato de Santiago García.

-No hubo ningún asesinato, Oliva —le replicó firmemente el jefe-. Evidentemente fue un hecho de defensa policial. La policía actuó en defensa propia y en defensa de la sociedad.

-¡No! —insistió Oliva-. ¡Fue un hecho de violencia y criminalidad policial!

El jefe de redacción del periódico comenzó a ponerse nervioso. No había ido al hospital a discutir sino a una simple visita.

-Vea, Oliva, usted ahora tiene que cuidarse. Su estado de salud es muy delicado y...

-En el video que conseguí se ve claramente que no había ningún arma. ¡La pistola fue plantada por la policía!

-Bueno, bueno. Vamos a ver. Yo lo he relevado de este caso. Usted tiene que cuidarse. No queremos más sustos, Oliva.

-¡Quiero seguir trabajando en este caso!

-Ya no es posible.

-Aunque sea déjeme escribir una nota más.

-Le digo que ya no es posible. Le he asignado este caso a Aníbal.

-No me haga esto. Yo he trabajado muy duramente en este caso.

-Ya he tomado una decisión y es definitiva.

-Usted no tiene derecho a hacerme esto. ¡Este caso es mío! ¡Me pertenece! ¡Lo he aclarado! ¡Tengo una prueba irrefutable!

El jefe sintió que Oliva ya había colmado su paciencia.

-¿Usted cree que voy a arriesgar mi carrera de 40 años en el periódico simplemente por pelearme con la policía? –le preguntó casi gritando.

En ese momento apareció Adela y saludó con mucho respeto al jefe de su esposo. El jefe aprovechó la interrupción para dar por terminada la conversación.

-Tómese un par de semanas, Oliva. O el tiempo que necesite.

Y luego de darle nerviosamente un fuerte apretón de manos a su subordinado, se despidió de Adela y salió rápidamente del cuarto.

El viejo reportero conectó inmediatamente su computadora y le pidió a su esposa que lo dejara un momento solo. Tal vez tendría que luchar contra el poder policial y contactar al juez.

Pensó en redactar una carta de renuncia, pero pronto desestimó esa idea por injusta.

El cuerpo inerme de Santiago García -comenzó a escribir el viejo Oliva-, como si hubiera sido perfectamente colocado en el centro mismo de la avenida principal, estaba rodeado de cinco oficiales de policía.-

Espanglish

Ernesto había nacido en un pequeño pueblo del estado de Illinois, donde su familia era la única de origen latinoamericano. Él y sus hermanos se habían adaptado muy bien a la cultura dominante, quizás porque durante su infancia eran inconscientes de las diferencias sociales, económicas, raciales o de separaciones que hacen los seres humanos desde que existen sobre la faz de la tierra. Los anglosajones constituían el 99% de la población de ese pueblo, mientras que el resto estaba conformado por negros, a excepción de algunos provenientes de la India que trabajaban para Caterpillar y ADM, las dos corporaciones más grandes de esa región. La familia de Ernesto no estaba incluida en ninguna estadística, pues nunca había participado del censo de la población. De manera que para las autoridades ellos no existían o más bien permanecían invisibles. Ernesto había nacido con oído absoluto, una cualidad musical que le posibilitaba reproducir sonidos sin haber tenido ningún tipo de entrenamiento. Para sorpresa de sus padres, había logrado desarrollar muy sólidas habilidades como músico, llegando a tocar piano, violín y saxofón. Sin embargo, en la escuela nunca le habían dado la oportunidad de tocar en ninguna banda ni en la orquesta. La directora de la orquesta les había explicado muy claramente a los padres de Ernesto que no era conveniente exponer a su hijo al ridículo, pues carecía de la compostura y de la circunspección necesarias y requeridas para representar a la escuela, en caso de que fuera seleccionado para competir contra otras instituciones, y ni pensarlo para viajar a otros estados. Como los padres no tenían ninguna experiencia en cuestiones relacionadas con bandas, orquestas, y mucho menos competencias intercolegiales, tomaron la evaluación de la directora como una apreciación sincera. Lejos estaban ellos de intentar cuestionar a ninguna autoridad.

Un día cualquiera en la rutinaria vida de la familia de Ernesto, su padre llegó a casa con una novedad que les cayó a todos como un balde de agua helada: tenían que mudarse a otro estado. Debido a la gran crisis económica por la que atravesaba el país, a Máximo, el padre de Ernesto, le habían ordenado trasladarse a Los Ángeles. Las grandes empresas estaban eliminando muchas posiciones, cerrando filiales, y trasladando la mayoría de sus trabajos a México y a otras ciudades de los Estados Unidos. Se trataba de corporaciones a las que no les interesaba la pérdida de fuentes de trabajo para el país ni los efectos negativos en la sociedad. Su único objetivo era incrementar sus ganancias económicas.

Ernesto y su familia vivieron la mudanza a Los Ángeles con una mezcla de fuertes sentimientos positivos y negativos. Por un lado, lo más importante era que Máximo había logrado mantener su trabajo, lo cual era, dadas las circunstancias, por demás significativo. Muchos de sus compañeros habían perdido sus trabajos y habían quedado literalmente en la calle. Pero por otra parte la mudanza significaba la pérdida de algunas amistades y tener que adaptarse al ritmo de vida de una gran ciudad y de la región del sur de California. Sin embargo, para Ernesto y sus dos hermanos el cambio de ciudad era un rotundo motivo de celebración. Sus padres no comprendieron la reacción tan positiva, pues pensaban que estarían más apegados a sus compañeros de escuela y a sus amigos del barrio. Ernesto, el mayor de los hijos, les aclaró a sus padres que el motivo principal de tanta alegría era el hecho de que pensaba que en Los Ángeles tendrían muchas más posibilidades de desarrollarse como músicos. Luis y Felipe habían seguido los pasos de su hermano mayor en cuanto a la dedicación a la música. Además, tal vez en la nueva escuela les darían la oportunidad de formar parte de una banda o de una orquesta.

La mudanza se llevó a cabo durante las vacaciones de verano. Los muchachos estaban ansiosos por comenzar el ciclo escolar y conocer a sus nuevos compañeros. Entre ellos habían estado comentando lo bueno que sería asistir a una escuela con muchos estudiantes latinos como ellos. Ya no serían los "raros" de la escuela, sino que serían como la mayoría. ¡Qué alegría tan grande estar rodeado de chicos como ellos! Para las vacaciones Máximo planeó una serie de actividades destinadas a posibilitar la mejor adaptación de su familia al nuevo lugar en que les había tocado vivir. Como la familia de Ernesto practicaba la religión católica, Máximo decidió averiguar cuál era la iglesia más cercana a su nueva casa. La suerte estaba de su parte, pues encontró una iglesia a solo 3 cuadras. Ya frente a la iglesia Máximo trató de calmar los nervios que le producía la nueva situación, respiró profundamente, y se encaminó a la puerta principal. Para su sorpresa, la puerta estaba cerrada con llave, algo que no se acostumbraba a hacer en su pueblo. No podía irse de ahí sin ninguna información, pues deseaba contarle a Gertrudis, su esposa, algo que pudiera alegrarla. Máximo se sentía culpable por la repentina mudanza, y quería hacer todo lo posible para complacer a su familia. El bienestar y la felicidad de todos dependían de él. Luego de pensar durante algunos minutos que le parecieron eternos, Máximo decidió golpear la enorme e imponente puerta de la iglesia. Una mujer de unos sesenta años abrió toscamente la puerta y, con cara de pocos amigos, lo recibió con un monosílabo: "¿Si?"

Máximo sintió que todo el cuerpo se le había congelado. Fue como si le hubieran echado encima un balde de agua fría. Con voz temblorosa le explicó a la poco amable señora que él y su familia se acababan de mudar, y que lo primero que hizo fue buscar una iglesia.

-La iglesia está cerrada –contestó la mujer al mismo tiempo que cerraba la puerta apresuradamente. Una inmensa tristeza invadió el alma del pobre hombre. Inmediatamente pensó que no podía decirles a su esposa e hijos lo que acababa de suceder. No quería causarles semejante desilusión. Decidió entonces averiguar el horario de la misa dominical de alguna otra iglesia católica. El encargado de la casa que alquilaba le informó a Máximo que había una misa el domingo a las once de la mañana en una iglesia que quedaba a una milla de ahí. Inmediatamente compartió las buenas noticias con su familia; todos estuvieron de acuerdo en asistir a misa el primer domingo en su nueva ciudad. Sería una gran oportunidad para comenzar a establecerse en la nueva comunidad y de hacer nuevos amigos. Ernesto y sus hermanos no estaban muy entusiasmados con la idea de practicar una religión, pero había una compensación: la posibilidad de tocar algún instrumento durante la misa en la banda musical de la iglesia.

Por fin llegó aquel domingo tan especial. Para esa primera misa en Los Ángeles, Ernesto se puso un hermoso smoking que su madre le había comprado en una tienda de objetos de segunda. Sus hermanos fueron prolijamente vestidos con saco azul y corbata. La misa fue completamente en español; Máximo y su esposa no tuvieron ninguna dificultad en comprender la palabra sagrada ni el sermón del sacerdote. Pero sus hijos, que no estaban acostumbrados a escuchar hablar en español durante tanto tiempo, no entendieron casi nada. El coro de la iglesia cantaba de forma bastante entonada; pero la banda de músicos, a juicio de Ernesto, desafinaba de una manera atroz. A pesar de lo mucho que tuvo que sufrir al escuchar a tan malos músicos, Ernesto sintió un dejo de esperanza, pues aumentaban las posibilidades de que él y sus hermanos fueran aceptados en la banda.

Al finalizar la misa, Gertrudis, la orgullosa madre, saludó al sacerdote y apresuradamente se acercó al director de la banda musical. Luego de felicitarlo, le habló sobre los antecedentes musicales de sus hijos y le preguntó sobre la posibilidad de que ellos integraran su banda. Mr. Pérez, director de la banda, le dijo que los dos menores eran demasiado chicos, y que a Ernesto podría darle la oportunidad si estuviera dispuesto a asistir a todos los ensayos que se realizaban a diario a partir de las 8 de la noche. Gertrudis le respondió que tendría que consultarlo con su esposo, y que le respondería la semana próxima.

La discusión en que todos los miembros de la familia participaron giró en torno a la participación de Ernesto en la banda musical de la iglesia. A la tristeza de Luis y Felipe por no poder participar, se sumaba la negativa de Máximo a que Ernesto formara parte de la banda. Según el padre, ensayar durante todas las noches afectaría el rendimiento académico de Ernesto. Además, consideraba que era demasiado exigente, y exagerado, pretender que se ensaye todos los días para una banda musical de una iglesia. Gertrudis luchó con todas las armas disponibles en defensa de Ernesto, hablando de sus sueños como músico, su futuro, y su gran dedicación durante tantos años. Y no dudó en echarle en cara a Máximo su responsabilidad y hasta su culpa por haberse mudado. El pobre hombre, agobiado por tantos ataques de parte de todos los miembros de su familia, no tuvo más remedio que acceder a ese pedido, aunque lo consideraba absurdo.

La segunda misa dominical a la que la familia de Ernesto asistió, les pareció eterna, no ya por la dificultad del idioma sino por la ansiedad por volver a hablar con el director de la banda. Gertrudis y Ernesto se movieron lentamente a través de la iglesia, dando tiempo a que los músicos de la banda guardaran sus instrumentos y comenzaran a abandonar el lugar. Ya frente a Mr. Pérez, Gertrudis le presentó a Ernesto y le transmitió la decisión positiva de la familia. El director, manifiestamente perturbado, le respondió:

-Su hijo no asistió a ningún ensayo durante toda la semana.

Gertrudis, muy sorprendida, le recordó que el domingo anterior habían acordado que ella hablaría con su esposo y que recién entonces le diría la decisión de permitirle o no a Ernesto formar parte de la banda. Mr. Pérez, de manera condescendiente, reconoció tal acuerdo, y le dijo que tendría que hablar a solas con Ernesto. Gertrudis los dejó conversando y esperó con el resto de su familia afuera de la iglesia.

Habría pasado escasamente unos quince minutos, cuando Mr. Pérez y Ernesto se encaminaron rápidamente hacia la salida y se reencontraron con Gertrudis. El serio director, ignorando a los otros miembros de la familia, se dirigió a la ansiosa madre con unas escasas pero rotundas palabras:

-Hay un problemita con su hijo, señora. Su español no es muy bueno. Acá todos los miembros de la banda, además de tocar un instrumento, cantan. Y su hijo tiene un acento demasiado fuerte.

Gertrudis, al borde del llanto, trató de contrarrestar esos argumentos que consideraba ridículos. Pensó en recordarle los estudios musicales de Ernesto, su oído absoluto, su experiencia, y hasta pensó en hablarle de racismo y discriminación. Pero se sintió mareada, creyó que su garganta se le cerraba, y que estaba a punto de desmayarse. Cuando estuvo a punto de iniciar la batalla, el director la frenó con un duro ademán y agregó:

-Lo siento mucho. Queremos incorporar nuevos músicos, pero tienen que estar preparados y disponibles para los ensayos. Si todavía le interesa, vuelva a hablarme el año que viene.

Máximo, que se había mantenido todo ese tiempo callado, alzó su voz:

-Un momento. Quiero hablar con usted sobre esta situación.

-Lo siento —dijo Mr. Peters- se me ha hecho tarde y mi esposa me está esperando para almorzar.

Los últimos días de vacaciones transcurrieron sin mayores novedades, simplemente tratando de conocer el nuevo barrio y su gente. Los muchachos pasaban las mañanas viendo televisión, y durante las tardes jugaban a la pelota en el jardín de su casa.

El primer día de clase pasó más lentamente para los padres que para los muchachos, pues aquellos estaban ansiosos por saber cómo había sido la experiencia de cada uno de sus hijos. El primero en contar cómo le había ido fue Felipe, el menor. Con llantos en los ojos dijo que, si bien había entendido todo el material estudiado en sus clases, no le había ido tan bien en los recreos.

-¿Cómo en los recreos? —Se apuró en preguntar Máximo.

-Primero, nadie quiso sentarse a almorzar conmigo durante la hora del lunch. Y luego, en los recreos, nadie quiso conversar ni jugar conmigo. Ni siquiera se me acercaban.

Gertrudis quiso minimizar la engorrosa situación que había experimentado su hijo:

-Bueno, Felipe, seguramente tus compañeros se conocen desde años anteriores. Tienes que tener paciencia. Ustedes son nuevos en esa escuela. Ya verás cómo poco a poco te van a ir hablando y muchos van a querer jugar contigo.

Luis, que estaba ansioso por hacer su propio reporte, interrumpió a su madre:

-A mí no me gusta esta escuela. Quiero que nos volvamos a Illinois.

Máximo lo miró con una expresión adusta, como exigiendo más explicación. Luis comprendió el mensaje y agregó:

-¡Un chico me llamó Mexican! Y por más que le repetí mil veces que yo no soy mexicano, que yo nací en Illinois, me seguía diciendo Mexican, Mexican.

Gertrudis volvió a intervenir pidiéndoles que se calmaran, que mañana todo iría mucho mejor. Y que no quería volver a escuchar que nadie se quiere regresar a Illinois. Que ya eran suficientemente grandes como para comprender que tenían que vivir donde su padre tuviera trabajo. Que hay momentos en la vida que uno debe tomar decisiones que, aunque no le gusten, son necesarias para el bienestar de la familia.

-Entonces –se apresuró a decir Luis- mañana quiero llevar mi partida de nacimiento. Tengo que demostrarles a mis compañeros que no soy mexicano, que yo nací en Illinois.

Máximo le dijo que no habría ningún problema con eso, e inmediatamente le pidió a Ernesto que cuente su experiencia. El hijo mayor, supuestamente, podría establecer un tono más maduro en la conversación familiar. Sin embargo, Ernesto también había tenido su propio problema: durante los recreos todos sus compañeros hablaban en español; él no hablaba tan fluidamente en esa lengua y, por lo tanto, no se sentía tan confiado en su poder de comunicación. Incluso un compañero se burló de su marcado acento.

Nuevamente Gertrudis fue la encargada de minimizar la situación:

-De ahora en más todos vamos a ver programas de televisión en español.

En ese momento la queja se volvió generalizada entre los tres hijos. Ya no solo tendrían que sufrir en la escuela sino también en su propia casa.

Era un día tan soleado, como nunca antes Ernesto había visto en su vida. Tal vez por eso tuvo la sensación de que algo extraño habría de pasar. Fue precisamente ese día que una nueva estudiante llegó a la escuela. Su nombre era Leticia; acababa de llegar de Texas. La maestra les había anticipado el día anterior que llegaría una alumna nueva, y que todos tenían que darle la bienvenida y hacerla sentir bien. Ernesto fue el primero en hablarle. Como no sabía si debía hablarle en inglés o en español, sin pensarlo, mezcló los dos idiomas de tal manera que él mismo se sorprendió:

-Welcome to tu nueva escuela –le dijo nerviosamente.

La muchacha, sorprendida, le agradeció la bienvenida y le correspondió el gesto con una generosa sonrisa que resaltaba sus grandes ojos verdes. No intercambiaron muchas más palabras, sin embargo pasaron toda la jornada escolar juntos. Con el correr del tiempo Ernesto comprendería que aquella construcción lingüística que había emitido de manera completamente accidental, constituiría el elemento con el cual Leticia se había identificado; los latinos del pueblo texano del que ella provenía, hablaban en espanglish, tanto a nivel privado como también en público. Ernesto nunca se había imaginado que tal forma de comunicación sería legitimada por la sociedad. Sus padres siempre le habían dicho que debía hablar correctamente, lo cual implicaba hacerlo en español o en inglés, pero nunca mezclando las dos lenguas.

En casa, la comunicación entre los miembros de la familia se vio dificultada al tratar de aplicar la regla de que el idioma de uso en el espacio común debía ser solo el español. A pesar de las continuadas quejas de los tres muchachos, no tuvieron más remedio que adaptarse a la cultura impuesta por los padres. Sin embargo, a Ernesto se lo podía ver siempre con buen humor, algo que les llamó la atención a todos en su hogar. Una de las cosas más llamativas era que, cuando estaban los tres hermanos juntos, Ernesto ya no hablaba solo en inglés como lo hacía en el pasado. Paulatinamente fue incorporando un léxico no solo más amplio en la lengua de sus padres sino también mucho más sofisticado. Incluso durante las prácticas musicales que los muchachos hacían en la casa, lo cual a veces creaba algunos problemas de comunicación debido a lo complicado que era aplicar un vocabulario más bien técnico en los ensayos. Pero ni Luis ni Felipe intentaron preguntarle a su hermano mayor sobre el motivo de un cambio tan radical en su actitud pues, además de respetarlo mucho, estaban verdaderamente confundidos.

No solo a Ernesto se lo veía más contento, sino que se mostraba mucho más seguro, como si hubiera madurado de golpe; hasta su postura corporal había cambiado, llegando a ser mucho más erguida.

Al siguiente domingo, Ernesto fue el primero en levantarse. Preparó el desayuno para toda la familia, y apuró a sus hermanos para que no llegaran tarde a la iglesia. El primogénito sintió que la misa había durado un santiamén. Al salir del templo, Máximo advirtió que Ernesto se había quedado atrás. Gertrudis regresó en búsqueda de su hijo y lo encontró conversando con el sacerdote. No se animó a interrumpirlos, y volvió a reunirse con el resto de su familia.

Ya de regreso en la casa, Máximo le preguntó a Ernesto cuál había sido el motivo de su charla con el cura. El muchacho se aseguró de que todos escucharan de qué se trataba: se había quejado por la decisión del director de la banda musical de no querer incorporarlo. En esa seria conversación le habló de su preparación como músico y también le dijo que se había sentido discriminado por su forma de hablar. Y le reconoció que tiene un fuerte acento:
-¿Acaso no todos tienen un acento? En inglés o en español, cada ser humano tiene un acento. No importa la lengua que se use, una persona de California habla en forma muy diferente a una de Nueva York u otra de Kentucky. ¿No es verdad, padre? E incluso el vocabulario es diferente. ¿No es cierto?

El sacerdote se había quedado atónito frente a tanta seguridad en un adolescente.

-Pero es que tú mezclas las palabras, hijo –le recriminó el cura.

De repente, Ernesto sintió que una fuerza interior le llenaba el espíritu.

-¿Usted estuvo alguna vez en otro estado, padre?

-¿En otro estado? ¿Por qué?

-¿Sabe cómo habla la gente en otro estado?

-Tengo parientes en Minnesota. Muchos familiares.

-¿Y ellos no hablan en forma distinta que la gente de California?

-Es verdad, pero todos hablan en inglés. Es cierto que usan un vocabulario distinto, pero siempre dentro del inglés.

-Pero el vocabulario, en cualquier lengua, va evolucionando con el tiempo. ¿No es así? Y esa evolución muchas veces tiene que ver con los movimientos migratorios. ¿No es así, padre?

El viejo sacerdote limpió con un pañuelo el sudor de su frente. No podía creer lo que estaba viviendo. Hacía unas pocas horas nomás había estado preparando un sermón con el máximo cuidado posible; había basado sus conceptos en años de estudio y de experiencia. Y ahora un jovencito le estaba tratando de dar una lección... Sin pensarlo, le dijo a Ernesto con voz temblorosa:

-Hoy mismo voy a hablar con el director de la banda.

Ernesto sintió una gran emoción; él mismo no podía creer lo que había logrado. Sus hermanos estaban orgullosos. Su madre también, aunque preocupada por la posible reacción negativa de su esposo. Máximo, tan confundido como el sacerdote, prefirió no emitir ningún juicio de valor. Le dijo a Gertrudis que se sentía mal y que tenía que acostarse un rato.

Al día siguiente Ernesto fue a la escuela cargado de nueva energía. Durante todo el camino pensó en Leticia. Ahora era él quien estaba en deuda con su nueva compañera, pues su corta relación le había hecho entender no solamente cosas importantes de la vida sino también de él mismo. El reencuentro con la hermosa muchacha fue tan natural que Ernesto sintió que era como si se conocieran desde hacía muchísimo tiempo. Ahora prestó más atención a cada uno de los detalles de su amiga: su largo cabello rubio, su estrecha cintura, sus delgadas piernas, su forma de hablar y su caminar cadencioso, y sus hermosos ojos verdes que le transmitían paz, confianza y un afecto que nunca antes había sentido en su vida. Nuevamente pasaron juntos toda la jornada escolar. Hablaron largamente sobre sus familias, y cómo se diferenciaban las costumbres de Texas e Illinois. Y también se entretuvieron charlando sobre las distintas formas de hablar en esos estados. De repente, a Leticia se le ocurrió una idea que podría ser interesante para ambos:

-¿Qué te parece si tomamos una clase de español?

-¿Español? –reaccionó sorprendido Ernesto.

-Por supuesto. Podríamos mejorar nuestra forma de escribir y de hablar.

-Tienes razón. No se me había ocurrido...

-Necesitamos obtener información.

-Hoy mismo voy a hablar con la profesora Méndez –agregó Ernesto, con entusiasmo.

Efectivamente esa misma tarde Ernesto habló con esa docente quien no solo le dio información sino que lo motivó a tomar una clase de literatura con ella.

-¿Literatura en español? Yo no estoy preparado para eso. Es una clase demasiado avanzada –le dijo, preocupado, a la profesora.

Sin embargo, ella le dijo que su nivel de español era lo suficientemente bueno como para tomar esa clase.

Al regresar a la casa, Ernesto les dio la buena noticia a sus padres. Gertrudis se manifestó orgullosa de su hijo. Y Máximo, sin salir de su sorpresa por los grandes cambios que estaba viendo en la actitud de su hijo hacia diversos aspectos de la vida, le preguntó si sabía algo sobre el contenido de una clase de literatura en español. Ernesto les contó que la profesora Méndez le había dado bastante información al respecto, y que no solo iban a estudiar sobre la literatura y la cultura de varios países latinoamericanos sino también de la de los latinos en los Estados Unidos. Por fin iba a poder estudiar sobre temas con los que se podría identificar.

-¿Y son obras literarias escritas en español o en inglés? –le preguntó su padre intrigado.

La respuesta de Ernesto los dejó a todos pasmados:

-Estudiaremos obras en inglés, en español y...

-¿Y...?

-¡Y en espanglish! –agregó Ernesto casi gritando.

-¿Qué...? ¿Estás bromeando, no? –preguntó incrédulo Máximo.

Toda la tarde tuvo que pasar Ernesto explicándoles a sus padres la nueva realidad lingüística de un grupo importante de latinos que viven en los Estados Unidos, incluyendo la realidad de sus propios hijos.

Ese domingo Ernesto decidió ir a la iglesia un rato antes de la misa, para poder conversar con el sacerdote. El cura lo recibió muy amablemente y lo hizo pasar a una pequeña biblioteca sobriamente decorada con objetos religiosos, pero evidentemente poco utilizada. El joven le preguntó si ya le había hablado al director de la banda musical sobre su posible incorporación.

-Hijo: hay veces en la vida en que no todo sale como uno se lo propone —señaló el cura a manera de consuelo.

Ernesto lo interrumpió y con una muestra de fuerte personalidad y seguras convicciones le dijo hablando rápidamente:

-¡Gracias, padre! Estaba seguro de que usted lo iba a poder convencer. Yo sabía que finalmente iban a valorar mi sólida preparación musical, mi dedicación y entusiasmo. Y yo sabía que usted no iba a permitir que se me discrimine por mi cultura diferente. ¿Cuándo puedo empezar a ensayar, padre?

El sacerdote, sin poder salir de su aturdimiento, le dijo, tartamudeando:

-Vamos, vamos a hablar con Mr. Pérez.

Ambos salieron apresuradamente al encuentro del director. El cura, tratando de imitar la energía y seguridad de Ernesto, le dijo a Mr. Pérez que a partir de ese momento el joven era un nuevo integrante de la banda musical de la iglesia. Y le ordenó que le diera los datos sobre el horario y el lugar de los ensayos.

Pasaron varios años desde aquella extraña conversación. Hoy, Ernesto es el director de la banda de la iglesia, y sus hermanos son los dos violinistas principales. La directora del coro es una hermosa rubia de ojos verdes.

Los feligreses están contentos con los músicos, y sobre todo se complacen en cantar una nueva canción escrita por el director… en espanglish.-

El regreso

La mayoría de la población no había votado al nuevo presidente. Sin embargo, el sistema electoral del país privilegiaba la representatividad de cada estado por sobre la mayoría numérica. Muy pronto se ganó la antipatía del pueblo. Sus políticas se hicieron sentir muy pronto en toda la sociedad. En otros países su imagen llegó a ser aun peor.

Gabriel tocaba el violín en un mariachi de un pequeño pueblo tejano. Lo poco que podía juntar en sus presentaciones de los jueves en un bar de mala muerte, lo guardaba celosamente para poder viajar a su país de origen. Hacía más de diez años que no visitaba a su madre. Esta, con una enfermedad terminal, les había rogado a todos los santos que la ayudaran a estirar un poco más el delgado hilo que la sostenía con vida. Lo que más deseaba la anciana mujer era poder ver una vez más a su preciado hijo antes de despedirse de este mundo.

Desde las elecciones presidenciales, Gabriel no había podido pegar un ojo. Pasaba las noches pensando en el peligro de su deportación, puesto que cada día expulsaban del país a cientos de inmigrantes indocumentados. No quería llegar a su país como un fracasado. Quería ser el orgullo de su madre y el mejor ejemplo para sus hermanos.

Un martes 13 cualquiera decidió levantarse temprano para ir de compras. Ya poco dinero le faltaba para poder comprar el pasaje aéreo. Pero les había prometido a sus dos hermanos llevarles una buena computadora; una para los dos, pues el dinero no le alcanzaba para más.

En el centro comercial habían puesto una tienda especializada en la venta de las mejores computadoras fabricadas en el país. Gabriel se había quedado obnubilado con tanta maravilla tecnológica. Hubiera querido probarlas todas. Antes de entrar a la tienda, prefirió quedarse observando desde afuera, apreciando desde la ventana calidad y precio, colores y tamaños. Sentía una emoción muy especial, con el poder que lo embargaba por la alegría que les causaría a sus queridos hermanos. Poco a poco esa emoción se fue mezclando con un repentino escalofrío. Sus piernas comenzaban a temblar cuando sintió una mano que se apoyaba firmemente en su hombro izquierdo. Giró su cabeza y se quedó petrificado al darse cuenta de que estaba rodeado por agentes del sheriff.

-Documentos –emitió con una voz gruesa el fornido hombre que lo tomaba del brazo.

No escuchó nada más, pues se desvaneció sobre el frío mármol que embellecía el centro comercial. Al cabo de dos horas despertó en una celda. Le habían puesto un uniforme de color rosado. Nadie le preguntó su nombre. Ni sus compañeros de celda, ni las autoridades. Estaba arrestado. Por no contar con documentos migratorios no tenía ningún derecho, ni siquiera de llamar a un abogado. Eso pensó.

Se abrió la celda sigilosamente. Todos los hombres se formaron rápidamente, listos para cumplir con su rutina diaria. Gabriel fue el último en salir hacia el pasillo, siguiendo a los demás como si supiera adonde se dirigían. Juan, el veterano del grupo, se dio vuelta y le dijo al novato: -Paseo por la ciudad —esbozando una leve sonrisa que más parecía una mueca burlona.

Gabriel pensó que era una broma, y que seguramente los llevarían al patio de la prisión para hacer ejercicio o simplemente para que se despejaran un poco. Tres guardias se encargaron de encadenar a los reclusos. Y así, como una marea humana, salieron de la cárcel los pobres hombres unidos por el único delito de ser indocumentados.

-¡Ilegales! —les gritó el sheriff a cargo.

Pronto Gabriel se dio cuenta de que era verdad lo que le había dicho Juan. "Salían de paseo por la ciudad." Como número circense, el espectáculo que daba esa masa rosada era observado con fruición por los pobladores del lugar.

-¡Aleluya! —gritaban los transeúntes a coro.

-¡Go back to your country! –gritaban varios con regocijo.

Los agentes que custodiaban atentamente a los supuestos delincuentes, permanecían inmutables ante los gritos. Unos niños comenzaron a tirarles piedras, mientras otros muy divertidos los escupían. Uno de los más traviesos se acercó a Gabriel y le pegó una goma de mascar en su pantalón.

-¡Váyanse! ¡Ya no nos molesten! –gritó Gabriel, harto de tanto abuso.

Uno de los agentes le propinó un duro golpe con su bastón. Gabriel había roto la principal regla que debía respetar el grupo: a nadie se le permitía hablar y mucho menos con la gente "normal." El nuevo presidiario pensó, a manera de consuelo, que cuando regresara a la cárcel tendría la oportunidad de hablar con alguna de las autoridades; pensó también que podría aclarar su situación y ser liberado. Claro que no sabía que por cada día que él pasaba en esa aislada prisión, los dueños de ese establecimiento recibían doscientos dólares. El calor comenzaba a ser insoportable. Más de cien grados Fahrenheit a la sombra. A Gabriel le ardían los pies; sentía como si se le estuvieran calcinando. Recordó que acababan de realizarse las elecciones presidenciales y que el nuevo gobierno había prometido deportar a los once millones de indocumentados. Ahora esta idea no le parecía tan mala como antes, pues al menos podría ver a su madre y a sus hermanos.

-¡Deportación! —escuchó decir a uno de sus compañeros de desgracia.

Pero si nadie podía hablar. Vio hacia todos lados y no pudo distinguir de dónde había provenido esa voz. Los árboles comenzaron a girar en su mente; todo daba vueltas y vueltas. La atmósfera era asfixiante. El ruido que produjo un cuerpo al desplomarse en el duro asfalto llamó la atención de todos, mientras los transeúntes celebraban el nuevo acontecimiento.

-Insolación aguda —dictaminó el médico de la cárcel a medida que trasladaban a Gabriel en una camilla hacia la enfermería. Además, estaba completamente deshidratado. Como estaba empapado de sudor, se le había permitido cambiarse el traje rosado como algo absolutamente excepcional.

Pasó mucho tiempo hasta que el joven indocumentado pudo regresar a su celda. Observó algunos cambios en la posición de las camas. Pero lo más notorio eran los nuevos compañeros de celda. ¿Cómo era posible que no conociera a nadie? ¿Dónde estarían aquellos que habían marchado con él por las polvorientas calles del pueblo?

-¡Gabriel! —escuchó a un guardia gritar con voz ronca.

El joven se tomó de los barrotes como esperando la noticia de que ya podía salir. El anhelado viaje debía hacerse realidad. Para eso había juntado centavo a centavo durante años. Su familia lo esperaría ansioso.

El guardia de la voz ronca se acercó parsimoniosamente y le extendió un sucio y amarillento sobre. Un grueso sello que atravesaba el sobre contenía una fecha. "Error", pensó Gabriel al ver "4 de septiembre de 2018". Lo habían arrestado en el mes de enero. Al abrir el sobre pudo reconocer la letra de su hermano menor. Los nervios le impidieron leer la carta con la rapidez que hubiera deseado. Sin embargo, pronto comprendió que su máximo sueño ya nunca habría de cumplirse. Ya no importaba si lo deportaban o si lo dejaban preso.-

El primer trabajo en los Estados Unidos

Felipe llegó a Los Ángeles con la ilusión de llegar a ser una estrella de cine o, al menos, un famoso actor de teatro en Broadway. En su país había trabajado en muchas obras de teatro y en algunos programas de televisión. Sabía que el camino hacia la fama sería arduo, pues no dominaba el inglés y tampoco contaba con un permiso de trabajo. Estaba fascinado con vivir cerca de las estrellas que tanto había admirado en innumerables películas norteamericanas. Disfrutaba enormemente el sol californiano y, a pesar de su premura por encontrar un trabajo, pasaba mucho tiempo en las playas de Santa Monica, donde los domingos se podía encontrar a numerosos artistas de todo tipo. Amaba el sol; sentía que le daba vida, lo cargaba de energía. Desde el primer día se levantaba muy temprano para ver la sección de clasificados del diario *Los Ángeles Times*. Comprendía que, por su limitado inglés, y su condición de indocumentado, le sería prácticamente imposible conseguir trabajo a través de los anuncios de un periódico. Sus posibilidades se encontraban más bien en el plano laboral informal. Sin embargo, decidió probar suerte respondiendo a un anuncio de un supermercado, en el que pedían un cajero. Nunca había sido muy bueno para las matemáticas, pero con probar suerte no tenía nada que perder. Se puso el único traje que tenía y estrenó una corbata nueva. El camino hacia el supermercado le dio la impresión de que algo no habría de ir muy bien. Calles sucias, tiendas enrejadas, vagabundos tirados en la vereda... Felipe se sintió ridículo con su impecable traje marrón. Pero nada le impidió entrar al supermercado y decir que llegaba por el anuncio. "La carnicería está al fondo," le dijo una muchacha maloliente. Sorprendido se dirigió a paso lento hacia donde lo habían enviado. Un hombre oriental de unos cincuenta años lo recibió con un enorme cuchillo en la mano.

-Vengo por el anuncio –se limitó a decir Felipe mientras su interlocutor lo observaba de arriba abajo.

-Necesitamos un carnicero. Cortar carnes –dijo el oriental blandiendo orgullosa y diestramente su cuchillo.

Felipe alcanzó a ver que a la mano izquierda de aquel amable hombre le faltaban dos dedos.

-Hay que tener un poco de cuidado –agregó ese hombre al mismo tiempo que lanzaba una incipiente carcajada.

Felipe trató de terminar pronto esa conversación y se despidió sin siquiera preguntar cuál sería su salario. De regreso a su casa, con un dejo de tristeza y preocupación, se miraba las manos pensando cuánto las valoraba...

Ya en su cuarto se puso a pensar en otras posibilidades de trabajo. "¿Qué se hacer?" se preguntaba. Tomó un cuaderno y comenzó a escribir las cosas más nimias referidas tanto a sus habilidades físicas como intelectuales. "Leer, escribir, pensar, cocinar –no, esto realmente no-, jugar al ajedrez, manejar, actuar, ver películas..." Estaba dispuesto a experimentar con cualquier actividad, aun las más arriesgadas. Encontró, de pura casualidad, un ejemplar de un diario publicado en español: *La Opinión*. Pronto se le ocurrió poner un anuncio para dar clases de ajedrez. Al día siguiente de la publicación del anuncio llamó un interesado. Se pusieron de acuerdo en que la primera clase sería ese mismo martes a las seis de la tarde. Felipe se puso rápidamente a arreglar el pequeño apartamento, que consistía de una pequeñísima sala, una diminuta cocina y un baño al que tenía que entrar de costado por su angosta entrada. Solo tenía un cuarto (la misma sala), pero contaba con la ventaja de tener una cama que se plegaba hacia la pared; como esas camas que había visto en las películas de los "tres chiflados," pensó. Antes de terminar de limpiar el apartamentito, salió a comprar café, para convidar al nuevo estudiante de ajedrez. Volvió quince minutos antes de las seis. Preparó el café, terminó de limpiar todo y puso las piezas de ajedrez en un tablero de esos que se enrollan. Lo último que le faltaba hacer era subir la cama.

Tomó un fuerte impulso, empujó la cama hacia la pared para que se plegara, y quedó subido con los pies en

el aire, cuando de repente sintió el timbre de la puerta.
Quiso hacer tanta fuerza para poder bajar que su cuerpo
quedó trabado entre la cama y la pared. Cuando por fin
pudo destrabarse y bajar se dirigió corriendo hacia la puerta;
abrió y no había nadie.

"Que poca paciencia," pensó, y se quedó absorto
contemplando el techo. No podía creer lo que le había
pasado.

A la mañana siguiente, en cuanto se despertó, tomó
su cuaderno para repasar las ideas que había escrito la
semana anterior. Sus ojos se fijaron en una sola palabra:
"manejar." Nunca le había enseñado a manejar a nadie, sin
embargo se consideraba una persona paciente y, aunque
había chocado una docena de veces en su país, estaba
dispuesto a intentar un nuevo camino. Buscó en su
computadora información sobre academias de conducir. La
primera que encontró era una en la que se ofrecían clases
en español: *Condor Driving School*. Felipe pensó que podría
tener estudiantes hispanos y ganarse la vida de esa
manera, al menos hasta que encontrase un trabajo mejor,
algo que se relacionara más con su vocación artística.

Luego de unas pocas reuniones con un instructor
experimentado de aquella escuela, fue al Departamento de
Motores y Vehículos a tomar un examen de instructor de
manejo. Para su sorpresa, el examen le resultó muy fácil y

lo pasó con el puntaje perfecto. Al día siguiente regresó a *Condor Driving School* listo para iniciar su nuevo trabajo. Una de las ventajas del mismo era que le daban un auto para dar las clases, y que también podía usarlo para cosas personales. La primera estudiante que tuvo era una hermosa muchacha rubia de Guadalajara. Tenía un agudo problema de visión que le impedía ver a cierta distancia. Le contó a Felipe que durante muchos años había trabajado en una maquiladora ensamblando pequeños objetos de joyas y relojería, lo que le había hecho perder en gran medida su visión. Sin embargo, a través de las clases la joven mujer aprendió todo lo que tenía que saber para poder pasar el examen de manejo. Para sorpresa de Felipe, ella reprobó el examen porque en medio del mismo se largó a llover y se olvidó de poner en funcionamiento el limpia-parabrisas.

Cuando Felipe le informó a su supervisora el resultado de ese examen, ésta lo regañó como a un niño:

-Vamos a ver —inició la "investigación" la supervisora. ¿Cuántas clases le diste?

-Lo normal… quince clases.

-¿Quince clases nada más? —comenzó a subir el tono la ofuscada mujer.

-Pero no, Felipe, ¿cómo se te ocurre?

-Es que ella tenía algo de experiencia y llegó a manejar muy bien.

-Por lo visto no tan bien. Reprobó el examen, ¿no?

-Sí, pero porque se olvidó de hacer funcionar el limpia-parabrisas.

-De ahora en más —concluyó la supervisora- ni se te ocurra llevar a un examen a un estudiante que no haya tomado, por lo menos, veinticinco clases. Tienes que aprender cómo es el negocio.

Sí, Felipe ya estaba empezando a entender cómo era "el negocio," y eso no le gustaba nada. Recogió el documento con la información de su nueva estudiante. Esta vez era una peruana que estaba bastante excedida de peso. La primera clase que le dio habría de ser también la última. Fermina subió al auto de Felipe con bastante dificultad; reconoció que tenía un problema de "coordinación motriz." No obstante, había tenido algo de experiencia conduciendo un auto en su país. Felipe le permitió manejar pero sin despegar la vista del volante, la calle, el espejo retrovisor y, por supuesto, de la estudiante. Tanta fue la atención del instructor a cada uno de los movimientos de Fermina que, de repente, se dio cuenta de que estaban perdidos. Para colmo, habían llegado a un área extremadamente pobre. Hombres vestidos con harapos pululaban por las calles del deprimente barrio. La estudiante no tardó en percatarse del peligro en que podían estar. Además, su estatus social no concordaba con ese ambiente decadente.

-Me siento mal –dijo Fermina-. Necesito regresar.

Felipe condujo durante todo el viaje de regreso. Fermina nunca tomó su segunda clase.

La tercera estudiante de Felipe fue una mujer cuya nacionalidad no quiso revelar. Sus lentes con un notable aumento preocuparon al instructor. Laura también había escrito en su planilla de inscripción que tenía bastante experiencia manejando. Su meta era practicar un poco para poder dar el examen con más confianza. Felipe, a pesar de su preocupación, no tuvo más remedio que dejar manejar a su nueva estudiante. Laura quiso conducir en una autopista. Subieron al Hollywood Freeway. Todo iba más o menos bien hasta que de repente se largó a llover torrencialmente. Felipe no alcanzaba a ver ni siquiera a dos metros de distancia; mucho menos Laura, que había decidido dejar que el instructor manipulara el volante. Así lograron salir de la autopista y regresar a salvo a la casa de Laura.

Parecía que a Felipe le daban todos los casos complicados. Sin embargo, ninguna de sus tres primeras estudiantes lo había hecho desistir de seguir dando clases de manejo. El cuarto estudiante era un salvadoreño. Felipe pensó que tal vez con un hombre tendría mejor suerte. Además, él había vivido dos años en El Salvador, y le gustaba la idea de compartir su experiencia con su nuevo alumno. Una vez más le había tocado un estudiante con experiencia.

-Manejé muchos años en El Salvador. Sé todo lo que se refiere a conducir autos. Solo quiero practicar un poco. Me ofrecieron un trabajo para repartir pizzas pero me piden la licencia de conducir.

Felipe sintió que por fin le había tocado un hombre con buena vista, sin problemas motrices, y aparentemente esta vez todo sería más fácil.

Víctor se ajustó su cinturón de seguridad, apretó el acelerador causando un fuerte ruido, y miró con una sonrisa cómplice a Felipe.

-Recuerde que tiene que apretar el pedal del freno y hacer el cambio primero.

-Claro que sí –respondió Víctor sonriendo nuevamente-. Estaba probando sus reflejos.

La carcajada que soltó el aprendiz de manejo no le produjo ninguna gracia a Felipe.

-Mejor manejo yo primero –dijo el instructor.

-No, no, no. Ya estoy listo. ¡Vámonos!

Y arrancó con la máxima velocidad posible. A media cuadra giró el volante a la izquierda y Felipe se lanzó para maniobrar hacia el otro lado. Puso el pie sobre el pie de Víctor que acababa de encontrar el freno.

Como apenas habían pasado unos pocos minutos de clase, Felipe, tratando de no perder también este estudiante, le propuso ir a la parte teórica.

-Me pongo un poco nervioso, ¿sabe? Desde que salí del hospital me pongo más nervioso. Ahora no estoy tomando ninguna medicina.

-¿Cómo? –preguntó Felipe con curiosidad.

-Estuve internado en tres hospitales en El Salvador, pero ya estoy bien, no se preocupe. Nuevamente lanzó una sonora carcajada.

Esa tarde Felipe regresó muy deprimido a su departamento, y pensó que no tenía sentido seguir arriesgando la vida por un sueldo miserable. Ni siquiera quiso poner ese trabajo en su curriculum vitae, pues no podría hablar de esa experiencia a ningún posible empleador. Nuevamente volvió a su cuaderno. Tenía que encontrar un tipo de trabajo que pudiera realizar sin tantos problemas. Luego de muchas cavilaciones concluyó que lo mejor para él sería hacer un trabajo de forma independiente. Si las clases de ajedrez no habían funcionado, tal vez podría tener éxito con clases de teatro.

Volvió a poner un anuncio en el periódico La Opinión.

¿Quiere ser actor o actriz?

Estudie actuación.

Llamar al teléfono (213) 924579

Sólo durante el primer día en que se publicó el anuncio se comunicaron quince personas. Felipe citó a cada aspirante a actor o actriz a su propio departamento. Había logrado alquilar una vivienda en pleno Hollywood. La sala contaba con un arco que daba la impresión de ser el cortinado de un escenario. Doce jóvenes se registraron muy pronto para estudiar actuación en el nuevo "estudio" de Felipe. Éste parecía estar logrando su ansiado sueño de vivir del teatro. No trabajaba como actor, pero al menos en un área relacionada. Además, siempre le había gustado enseñar.

El primer curso, que duraba seis meses, consistía en ejercicios de actuación y fundamentalmente improvisaciones. Felipe también les enseñaba ejercicios de foniatría, pues consideraba muy importante que sus estudiantes desarrollaran una buena dicción y aprendieran a proyectar la voz. Al cabo de los seis meses los estudiantes habrían de preparar una muestra de teatro a la que invitarían a sus familiares y amigos. Felipe había conseguido reservar el auditorio de una iglesia del mismo barrio. Durante todo el quinto mes de clases Felipe y sus estudiantes se abocaron a la preparación de la muestra teatral. El número central era una improvisación en la que participaban todos los estudiantes. Se basaba en las guerras floridas de la época prehispánica en México. Los estudiantes habían conseguido la indumentaria y los elementos necesarios para representar a sus personajes aztecas. Además habían hecho una gran investigación y discusiones sobre los sucesos históricos. Estaban todos muy entusiasmados. La escena "del sacrificio" era la más emocionante; especialmente cuando el indio sacrificado pegaba un grito que se podía escuchar por toda la cuadra.

Como era lógico, en el último ensayo todos estaban muy nerviosos. La energía se multiplicaba de manera infinita. Cada uno de los actores ponía todo de sí para lograr el éxito que tanto ansiaban. La pasión con que actuaban había llegado a un punto climático cuando, de repente, sintieron un fuerte golpe en la puerta de entrada. Los gritos de los indígenas se mezclaban con los de agentes de policía que pugnaban por entrar. El grupo se hundió en un silencio profundo. La mayoría dio por seguro que todos serían deportados. Felipe abrió la puerta con temor. Casi se desmaya al ver que estaban rodeados por policías uniformados. Varios de los estudiantes comenzaron a sollozar. De repente, una carcajada generalizada recorrió los rostros de los policías al comprobar que habían recibido una falsa denuncia, que no estaban matando a nadie, y que solo se trataba de un grupo de personas que estaban ensayando una obra de teatro.

Los felices estudiantes pudieron realizar su muestra de teatro con el éxito que esperaban. Y Felipe descubrió que, por fin, había encontrado su lugar en el mundo.-

Mi primer torneo de ajedrez en los Estados Unidos

Los Ángeles es una ciudad cosmopolita en la que pueden encontrarse personas de todo el mundo, así como también restaurantes y todo tipo de tiendas de una diversidad impresionante. Como miles o millones de inmigrantes provenientes de América Latina, me sentí bienvenido por esa gigante ciudad y sus habitantes (muchos de los cuales tienen mi mismo origen). Una de las primeras cosas que hice, luego de buscar un medio para sobrevivir, fue averiguar en qué lugar podría jugar al ajedrez. Como en mi país había llegado a la categoría de maestro, e incluso durante muchos años me había dedicado a la enseñanza del juego-ciencia, me entusiasmaba la idea de probar mi nivel en algún torneo. Es así que llegué a la iglesia *First Presbyterian*. Una corta nota en el periódico Los Ángeles Times informaba sobre el "Primer torneo de ajedrez" abierto a todos quienes quisieran participar. Se jugaba por sistema suizo a siete rondas. Recuerdo aquél sábado por la mañana: me levanté mucho más temprano que de costumbre y me dirigí rápidamente a la iglesia, pues quería asegurarme un puesto en el que habría de ser mi primer torneo de ajedrez en los Estados Unidos. Tan emocionado como nervioso, llegué al estacionamiento de la iglesia. Me quedé un momento en el auto, tratando de relajarme, y proponiéndome estar más concentrado que nunca. Bajé del coche y observé que un hombre me hacía señas apuntando hacia una de las puertas de la iglesia. Probablemente pensó que yo no sabía el idioma y limitó su comunicación a unos simples ademanes. Entré sigilosamente por la puerta señalada. Una mujer me recibió con una amplia sonrisa, indicándome el camino hacia varias mesas en donde había objetos de todo tipo: desde ropa y útiles escolares hasta variados utensilios. Con un esforzado castellano me dijo: "Tome lo que quiera. Es gratis. Todo gratis." Le expliqué entonces que yo estaba buscando la sala donde se iba a jugar el torneo de ajedrez. Sin escucharme, agregó: "Llévate lo que quieras." Mi dominio del inglés no era perfecto, pero bien podía explicar lo que andaba buscando. "Chess", dije exagerando la pronunciación. "¡Chess tournament!". Inmediatamente se desdibujó la sonrisa de la mujer; y alcancé a notar en su rostro un dejo de desilusión. Caminó hacia la puerta sin pronunciar palabra, volvió a verme y me dijo: "Segunda puerta a la derecha." No con poca desconfianza seguí las escuetas direcciones y pude, por fin, llegar a la sala donde se disputaría el torneo. Nadie disimuló verme con sorpresa (y algunos tal vez con cierto desagrado). Yo era el único latinoamericano en ese lúgubre lugar. Me dio la impresión que estaba en presencia de una secta.

-¿Can I help you? –Fue la típica pregunta de bienvenida a los foráneos, a los otros, a los que no pertenecen. Me explicaron que podía ver el torneo sin ningún problema. Que me sentara en cualquier lugar, siempre y cuando no estuviera demasiado cerca de los jugadores. Y una vez más tuve que explicar lo que los "locales" no tienen que explicar: que quería participar en el torneo. Otra persona me dijo que lo sentía mucho pero que el torneo tenía un costo de inscripción. Nuevamente me miraron asombrados (y con desconfianza) cuando saqué mi chequera para hacer el pago correspondiente.

El torneo tenía premios solo para el ganador: un trofeo y mil dólares. Aunque el dinero me hacía falta, lo que más me importaba era probar mi nivel de juego; sabía que eso me alentaría a seguir jugando con entusiasmo y me serviría para sentirme más adaptado a esa nueva sociedad.

Fueron siete fechas. Siete sábados que estuvieron, para mí, teñidos de sospechas, miradas extrañas, gestos raros... Sin embargo, pude cumplir mi meta de jugar ese primer torneo en los Estados Unidos. Jugué cada una de las partidas como si fuera la última de mi vida, con total dedicación, esfuerzo y absoluta concentración. Yo mismo me sorprendí por lo relajado que estaba. Eso me sirvió para tener un resultado asombroso: de las primeras seis partidas gané cuatro y empaté dos. El periódico Los Ángeles Times, que informaba los resultados de todas las ruedas, publicó una nota en el que me mencionaba señalando que "un desconocido extranjero había sorprendido por su alto nivel de juego y por compartir el liderazgo del torneo con un maestro nacional de ajedrez." Compré varios periódicos y les envié copias de ese artículo a mis familiares y amigos.

En la última rueda me tocó jugar con quien empataba conmigo el primer lugar. El que ganaba la partida se coronaba como campeón del torneo. Sin embargo, si empatábamos yo me llevaría el máximo trofeo, pues según el sistema de desempate el ganador era el que hubiera acumulado más puntos en el cómputo del puntaje final de los adversarios que cada uno de nosotros había tenido (algo un poco difícil de entender para los neófitos, pero un sistema considerado muy justo por los ajedrecistas). Yo llevaba una clara ventaja en ese puntaje, pues me había tocado jugar con adversarios que tenían más puntos que los que jugaron con el otro líder del torneo.

Llegué media hora antes del comienzo de la última partida. Me senté e hice algunos ejercicios de relajación. La última rueda comenzaba a las 7 en punto de la noche. Llegada la hora, todos los jugadores comenzaron sus respectivas partidas... Como yo jugaba con las piezas blancas hice mi primera jugada y apreté el botón del reloj. Mi oponente llegó cinco minutos más tarde. Pensé que esa demora en llegar podría ser una táctica psicológica para ponerme nervioso. Me dio fríamente la mano (débilmente, sin apretar), se sentó, y se puso a pensar. Tal vez yo lo había sorprendido; jugué la apertura Inglesa por primera vez en ese torneo. En todas las partidas anteriores, cuando me tocó jugar con las blancas siempre había comenzado con el peón del rey.

Esta vez sí que era prácticamente imposible no ponerse nervioso, no tanto por ser la última rueda del torneo, como por el hecho de que todos los jugadores se acercaban a mi mesa para ver la partida que definiría el primer lugar. Mi contrincante jugó una variante simétrica. Salimos de la apertura con una posición bastante pareja. Como a mí me beneficiaba el empate, podía especular sin arriesgar y esperando el eventual error de mi oponente. Llegada la jugada número treinta, mi adversario se tomó más de media hora en pensar su jugada. Ahora sí que yo había logrado una clara ventaja estratégica. Decidí levantarme, caminar un poco para despejarme, e incluso ir al baño. Luego me asomé pero todavía no era mi turno. Aproveché para comprarme un café; quería estar bien despierto para el final. Volví a caminar, y de repente observé que mi adversario levantaba su mano derecha y hacía señas. Me sorprendí al entender que me estaba llamando. Rápidamente fui a mi mesa, me senté, observé que mi rival tenía los ojos desencajados y un tic nervioso imparable. Extendiendo su mano derecha me dijo: "Tablas."

Me quedé helado, petrificado. No podía creer lo que estaba viviendo. Por supuesto que todos los jugadores tienen el derecho de ofrecer empate en cualquier momento de la partida. Sin embargo, al extender su mano de esa manera daba por sentado que yo aceptaría.

-No –me limité a decir mirándolo fijamente a los ojos. A pesar de que un empate me beneficiaba, no quería darle el gusto a mi rival de aceptar una propuesta que más parecía una imposición.

La partida siguió su curso normalmente. Sin embargo, la acción de mi oponente (que consideré oprobiosa) había logrado ponerme muy nervioso. Para colmo, cada vez eran más los jugadores que se acercaban a observar la marcha de mi partida. Algunos hacían comentarios en secreto, tratando de no molestar. Pero los murmullos fueron adquiriendo un nivel cada vez más alto, a tal punto que el director del torneo debió chistarles para que hicieran silencio. Poco a poco fui perdiendo la ventaja que había logrado. Ahora era yo el que tenía tics nerviosos. De todos modos, pensé, la partida debe terminar en un empate. Y efectivamente luego de unas jugadas más las pocas piezas que quedaban en el tablero obligaron a un empate técnico. Ya no había suficiente material como para dar jaque mate.

Aunque incómodo, me sentí aliviado por no haber perdido, y por saber que el empate me beneficiaba a mí. Acordamos tablas y nos dimos un fuerte apretón de manos. Un ensordecedor aplauso cerrado colmó la sala de juego. Mi adversario se levantó rápidamente sin querer comentar la partida.

Varias personas se acercaron a comprobar cuál había sido la posición final y el resultado de la partida. Me sorprendió que nadie me felicitara...

Luego de un rato de espera (los organizadores tenían que hacer los cómputos finales), el director del torneo pidió silencio, hizo un gesto para que todos nos acercáramos y dijo:

-Queridos jugadores: felicitaciones a todos por haber disputado un excelente torneo. Todos han demostrado un alto nivel de juego. Pero es mi obligación felicitar especialmente a los ganadores del torneo.

Un helado silencio recorrió el espacio. Sentí que muchas miradas se concentraban en mí. Mi estado era de una incredulidad total; me sentí apabullado. El director continuó:

-Tenemos un empate: el maestro nacional Paul Brooks y...

No quise escuchar mi nombre. Me desconecté completamente de esa realidad que había llegado a ser absurda, grotesca. Observé que la gente aplaudía y, como en cámara lenta, vi que el director me entregaba un sobre. Percibí en el otro ganador una sonrisa irónica... una mueca burlona. Muchos se acercaron a felicitarlo. Algunos lo abrazaron celebrando con alegría su triunfo. Sentí que todo pasaba de una manera caótica, como si fuera imposible registrar el tiempo transcurrido.

En el camino de regreso a mi casa abrí el sobre, saqué los quinientos dólares, y sentí una lágrima que recorría lentamente mi cara temblorosa.-

Entre mundos

Me despertaron unos ruidos horribles. Parecían provenir del fondo mismo de mi cerebro. Cayó mi cuerpo desnudo sobre la fría alfombra y así, medio mareado, me dirigí como un zombi hacia la ventana. Desde mi quinto piso podía observar cómo una muchedumbre inquieta se movía histéricamente, produciendo todo tipo de agresiones: empujones, lanzamiento de piedras, rompimiento de ventanas, rayaduras de autos... De esa masa multiforme y multicolor surgían, como orgullosos, carteles con dibujos de rubias cabezas gigantes. Alcancé a ver que en otro cartel se disparaban palabras que no llegaba a comprender: "No es mi presidente." Predominaban las pancartas escritas en un inglés callejero que no lograba traducir con ningún sentido. ¡Bah! –grité. Esos locos sueltos no tienen nada que hacer. ¡Que se vayan a trabajar! Sí, eso debieran hacer. Después se quejan de que no hay trabajo.

Me di una ducha rápida, acelerada por un mal humor que invadía todo mi ser. Me puse la misma ropa de siempre, pues no había tenido ni tiempo ni ganas de ir a la lavandería. Presentí que algo malo iba a pasar. Me pareció raro, o al menos inusual, pues mi carácter lógico no se condecía con ese tipo de sensaciones o presentimientos. Al salir de mi apartamento me di cuenta de que tendría que atravesar esa abominable manifestación. Los odié a todos.

¿No estábamos viviendo, supuestamente, en un sistema democrático? ¿Cómo se atrevían a ser tan disruptivos? ¿Por qué querían fastidiar a quienes intentábamos llevar una vida normal? Caminé precipitadamente, tratando de no prestar atención a lo que sucedía a mi alrededor. Un olor fétido, proveniente de sudorosos cuerpos insulsos, se fusionaba con el negruzco color del alquitrán de la calle. Pisé vidrios, cartones, comida, y resbalé sobre algo que parecía vómito. Sentí un profundo asco. Los imponentes edificios parecían mirarme con asombro. Quise respirar profundamente, pero el aire viciado y la contaminación me lo impidieron. Las ennegrecidas nubes apuraban su marcha. "No todo se hace con dinero," pensé, y largué una sonora carcajada por lo súbito de semejante pensamiento que nada tenía que ver con la realidad que me rodeaba. Me abrí paso como con desdén, sorprendiéndome a mí mismo. Después de varias horas de luchar contra aquel tumulto, en esa ciudad que rápidamente se estaba transformando en un basural, pude por fin llegar a mi maldito trabajo.

Como todas las mañanas, atravesé el largo pasillo adornado con mal gusto con cuadros que la empresa compraba al por mayor para todas sus filiales. Ignoré la deprimente decoración, y sin saludar a nadie me dirigí a mi sección.

Un extraño mensaje me esperaba ansioso en mi viejo escritorio. De un verduzco papel saltaban, como desesperadas, un manojo de nerviosas palabras: "Llamar urgente a tu hermano." ¿Qué diablos querría ahora mi queridísimo hermanito que no se había comunicado conmigo durante tantos años? Decidí no hacer caso a la urgencia de esa nota anodina. Me puse a trabajar. Enfrenté con estoicismo la rutina de ese trabajo que me mataba de aburrimiento. Los expedientes se sucedían a paso de tortuga; pasaban sin avanzar. Paulatinamente me fui quedando dormido sobre mi escritorio. Un intenso olor a café se entremezclaba con confusas imágenes amarillentas. Frente a la ventana del café "La Paz," veía pasar la gente con una expresión adusta, y moviéndose como autómatas en todas direcciones. Algunos que iban en grupo marchaban sosteniendo orgullosamente enormes pancartas políticas. Otros, más tímidos, escondían sus rostros detrás de los carteles que portaban. Incluso alcancé a ver que varios ocultaban su identidad protegiéndose con pañuelos colorados. Todo era política, pensé, en aquella misteriosa ciudad de la furia en el cono sur. Un viejo, que se percató de que lo estaba observando, me hizo señas invitándome a participar de esa marcha. Eso me produjo una extraña sensación, mezcla de nostalgia y melancolía. Hubiera querido decirle que yo ya no vivía allí, pero me faltó energía;

o quizás no pude comunicar nada por el dolor que sentía. Fue en ese momento en el que me di cuenta de que yo ya no era un actor de esa realidad, sino un mero observador pasivo. El sombrío local empezó a llenarse, y las perturbables y altisonantes conversaciones comenzaban a inquietarme. Mi mirada, como queriendo evadirse, se perdía en la deliciosa espuma de mi expreso. El bullicio de esas pláticas me hundía más y más en el marrón de ese café que cada vez me parecía más ácido. Su aroma me transportaba a otra dimensión, cubierta de humo y neblina. De en medio de ese caos de grises, un camarero, vestido de un rutilante blanco arrugado, se acercó a mí... amenazante. Sacudió groseramente mi hombro.

¡Buenos días! —me gritó Alberto, desde el cubículo más próximo, sacándome de mi estupor.

-¿Ya es hora de salir?

-¿Cómo? ¿No ves que ya oscureció? Para colmo no va a ser fácil salir del edificio.

-Mira —dijo apuntando hacia la ventana.

-¿Otra vez?

-¿Cómo que otra vez? Es la primera manifestación del año.

-¿Por qué protestan?

-Por el *fracking*.

-¿El qué?

-Es un método que se usa para extraer gas natural o petróleo.

-¿Y cuál es el problema? ¿Por qué protestan?

-¡Usan muchísimos químicos! Y demasiada agua.

-¡Qué joden! ¿Por qué no se van a trabajar... cada uno en lo suyo?

Alberto no me contestó y yo no quise seguir hablando de algo que no me interesaba para nada.

A pesar de ese panorama, fui el primero en salir de la oficina. Me consideré muy afortunado al haber encontrado un sendero no ocupado por aquellos manifestantes. Caminé... Caminé sin cesar. Ya no quería ir a mi apartamento. Deseaba perderme en la noche de rascacielos que inundaban la ciudad. Me sentía muy soliviantado; tal vez por la nota de mi hermano que me había estado aguijoneando la mente. El calor era cada vez más agobiante. Me pareció que del pavimento empedrado surgía un vapor intenso. Las hojas de los árboles permanecían imperturbables. Pensé que tal vez sería yo el único que producía algún movimiento distintivo en el universo. Llegué a mi apartamento borracho de indignación. Me acosté y me levanté infinitas veces. No podía cerrar los ojos. ¿Sería por la nota con el mensaje de mi hermano? Al principio me había quedado impertérrito. ¿Algo me habría pasado en mi oficina? Traté de recordar. Quedé sumido en un letargo total. Sin embargo, no podía conciliar el sueño. ¿Qué me pudo haber pasado? Decidí curiosear a través de la ventana. Un grupo de jóvenes quemaban una bandera; no logré definir si sus expresiones faciales significaban pasión, ira contenida, triunfo o impotencia. O tal vez una mezcla de todos esos sentimientos. Detrás del humo se difuminaba la silueta de un uniformado... Sin embargo, parecía como si los ojos de aquel ser desdibujado intentaran comunicarse conmigo. De repente sentí unos fuertes golpes, al mismo tiempo que algo me sacudía el corazón. Ahora los gritos no provenían de la calle sino de detrás de la puerta.

-¿Está bien? ¡Oiga! Más golpes. -¡Hace días que no lo vemos y estamos preocupados! ¡Pensábamos llamar a la policía!

En un primer momento no podía reconocer esa voz con una antipática disfonía. ¿Sería el encargado del edificio? No sé porqué le respondí; pero le contesté de mala gana.

-¡Estoy bien! No se preocupe. Maldito entrometido. De repente sentí que un fuerte olor a quemado me perturbaba...

Lo mejor que podía hacer, pensé, era darme una ducha y salir a caminar. Sí, necesitaba despejarme un poco. El aire puro limpiaría mis pulmones y mi mente. ¿Aire puro? ¿En esa ciudad? Ya de camino, me pareció ver a una ex compañera de la universidad. Después de tantos años, los recuerdos parecían tomar entidad propia; libremente se iban compaginando y aparecían sin un orden lógico. Perales, se llamaba; solo recuerdo su apellido. O quizás ese era un apodo... Ella se quedó en nuestro país. A mí me tocó emigrar, como a la mayoría de los que tenían al menos algún ideal. ¡Ja! A quién se le ocurre estudiar sociología durante la época de una dictadura militar. Una sociología meramente descriptiva que no iluminaba ningún aspecto de la realidad de ese tiempo. Me agotó el silencio, la inmovilidad, las desapariciones... Me cansó esa vida; me crisparon tantas muertes. Y ahora todo era tan distinto. Logré salvarme. Pero lo perdí todo. ¿Qué querrá mi hermano? Mejor me hubiera llamado por Skype; como la última vez que hablamos. Recuerdo que su rostro desfigurado parecía querer escaparse de la cámara. Él eligió quedarse; sólo él. Yo se lo advertí, pero, como siempre, no me hizo caso. "Nos abandonaste," se animó a increparme. "Vos eras el líder del grupo." ¿Qué grupo? Yo nunca pertenecí a ningún grupo. Tal vez ese fue mi mayor problema. Siempre estuve solo. Pero no como ahora. ¿De dónde provenían todas esas certezas que tenía mi hermano?

No me había dado cuenta de que había estado caminando sin rumbo. Llegué a mi apartamento sin proponérmelo, acompañado por las estrellas y una luna llena decidida a no abandonarme. Al entrar pisé un sobre con mi nombre. Con dificultad, me agache para recogerlo. ¿Tres meses que no pagaba el alquiler? ¡Están locos! Me refugié en mi cama. La única luz que me iluminaba provenía del exterior. Cerré los ojos sin ninguna intención de dormirme. Y casi de inmediato entré en estado alfa... Una multitud de imágenes aparecían y desaparecían caprichosamente. Unas mujeres, cuyas cabezas estaban cubiertas con pañuelos blancos, caminaban alrededor de una enorme plaza llevando carteles con fotos. Me pareció verme reflejado en uno de esos carteles. Otra foto me recordaba a Perales. Esas imágenes se entremezclaban con las de los carteles de melenas rubias. De repente, sentí un fuerte dolor en mis genitales; al mismo tiempo un penetrante olor a quemado se combinaba con una grisácea neblina gelatinosa. Las figuras se desdibujaban pero también se hacían más intensas. Los gritos de las mujeres se fundían con los que provenían de la calle. Como queriendo dominar los sonidos, el motor de una avioneta se impuso; y dio lugar a emergentes imágenes de unas figuras que surcaban el cielo. Sentí que, de repente, unas gruesas manos me empujaban con una fuerza brutal. Yo resistía con fuerzas desiguales, agarrándome de cualquier lugar, pero mis manos se deslizaban y crecía mi desesperación... Me faltaba el aire; casi no podía respirar. Las palpitaciones aumentaban su ritmo, y el asfixiante calor era ya absolutamente insoportable...

-¡Basta! –grité con toda mi alma suplicando clemencia. Yo no dije nada. No fui yo el que habló.

-¡Eh, tú! ¡Latino! ¡Si no abres la puerta voy a llamar a la migra! ¿Estás contento con lo que pasa allá afuera, no? ¡Vuelve al lugar de donde viniste! ¡No me gusta mantener vagos con el dinero de mis impuestos!

Me senté abruptamente en la cama, en un estado de confusión total. Me agarré la cabeza e inmediatamente comencé a frotarme las sienes con las yemas de los dedos. Ignoré aquellas palabras que, aunque agresivas, me resultaban indiferentes. Después de todo, para aquel que me gritaba tan despectivamente, yo era alguien sin nombre, alguien que representaba a un grupo de usurpadores.

Y otra vez ese ruido maldito que llegaba desde afuera no me dejaba en paz. No quería volver a asomarme para ver una realidad que, además de ofuscarme, se estaba volviendo rutinaria; pero una fuerza desconocida impulsó mi cuerpo. Esta vez esas imágenes se mostraban como triunfantes. Saltos, bailes, una algarabía inusitada. En el centro mismo de esa muchedumbre quemaban un enorme muñeco del que se destacaba una abundante melena rubia. La hoguera avivaba el ánimo exaltado de todos los participantes, deslumbrados ante un convivio que tal vez nunca antes los había unido en un grupo compacto de tal envergadura. ¿Quiénes eran todos esos seres desconocidos? ¿Qué historia compartían? ¿Acaso sabían algo de mi propia historia? ¿De mi país? ¿Acaso les importaba yo?

Quise volver a salir. Trataría de compartir esa alegría que parecía inacabable. Pero mis fuerzas no me lo permitieron. Solo me desplomé en mi cama; mi única compañera. ¿Qué culpa tenía yo de haberme ido? Si fue un instinto de supervivencia, no lo sé. ¿Era por la historia compartida con Perales? El ver aquellas penetrantes imágenes resplandecientes me agotó de tal modo que me dormí sin proponérmelo.

Un nuevo día me daría la oportunidad de volver a intentar reencontrarme con mi pasado; y de tratar de disfrazarme ante los fantasmas que me perseguían desde mi interior. En mi trabajo todo permanecía igual. Los mismos cubículos, las mismas caras. Y el mismo aburrimiento de un trabajo que yo no había elegido, que me había sido asignado por un funcionario dedicado a "ayudar" a los refugiados políticos. La idéntica rutina me recibía con los brazos abiertos. Sentí la misma somnolencia de siempre. Caí en el profundo trance que me atacaba a diario. Parecía no importarle a nadie. Así de trascendente era mi trabajo. Alcancé a ver caras que se asomaban y desaparecían, mientras volvía el insistente olor a café... Percibí unos agudos ruidos de cadenas arrastrándose por infinitos pasillos; y ecos de puertas metálicas que chirriaban al abrirse y se cerraban con un fuerte golpe. Y aquella intensa luz que encandilaba mi rostro buscando compulsivamente todas las respuestas. En mi mente, la imagen del escritorio se confundía con la de mi cama, y por momentos también con una silla con pinchos. Y entonces el olor a quemado se intensificaba... Y otra vez el intenso dolor en los genitales...

-¡Ya es la hora! —espetó alguien desde el cubículo de al lado.

"Volvió a llamar tu hermano" —rezaba una nota que se encontraba sobre una montaña de papeles.

-Y a mí qué me importa —me dije con tremenda molestia al mismo tiempo que me desperezaba tratando de volver a esa nimia realidad.

La caminata de regreso a mi apartamento ya no me pesaba. Con una mezcla de angustia y resignación decidí llamar a mi hermano. Lo haría a la mañana siguiente. Mi cuerpo, vencido por una larga historia de vejaciones y nuevas rutinas no menos deshumanizantes, se dejó llevar a lo largo de una antigua calle adoquinada. Las gotas de sudor que recorrían mi frente, lentamente comenzaban a mezclarse con diminutas gotas de una incipiente lluvia. El fuerte olor a humedad me generaba aún más repulsión por aquella ciudad que no sentía como mía. Truenos y relámpagos completaban el marco adecuado para un camino que se estaba acercando al final. Al llegar a mi apartamento no sentí, como otras veces, el retorno a un refugio seguro. Tal vez por eso me quedé un largo rato frente a la fachada del edificio, observando, como si fuese un inquilino que llega por primera vez a su nueva residencia. O como si fuera un detective intentando descubrir las claves ocultas de un caso misterioso.

Cuando por fin entré en mi morada, volví a pisar otro sobre igual al que me habían dejado antes, y que guardaba celosamente mi nombre. La misma nota en su interior; las mismas palabras. Respiré profundamente y arrojé ese maldito sobre al cesto de basura. Me propuse dejar la mente en blanco, pero no lo logré. ¿Para qué habría de llamar a mi hermano? ¿Para escuchar las sempiternas palabras acusatorias? ¿Culpable de qué? ¿Porque no podía recordar el nombre de Perales? ¡No fui yo el que habló!

Abrí la ventana pensando que el aire nocturno me ayudaría a conciliar el sueño. Y tal vez me bajaría la temperatura que había escalado a un nivel inusualmente alto en mí. Había quedado completamente empapado de sudor. Llegué a sentir repugnancia de mí mismo, como si en realidad se tratara de otra persona.

Me vi como si fuera parte de una película de cine mudo. Observé, desde afuera de mí, cómo mi cuerpo aterrizaba en el lecho oscuro que me recibía como dándome la bienvenida a otra dimensión. Y pasaron las horas, los reiterados golpes en la puerta, las palabras incriminatorias de mi hermano, el mesero agitando mi brazo, las miradas y los gritos de mis compañeros de trabajo, las fútiles notas que aparecían en mi escritorio, los interminables expedientes, las viejas avionetas, los gélidos uniformes azules, los desplomados cuerpos amontonados, el rostro ensangrentado de Perales... Y el bullicio proveniente del exterior; y la alegría del gentío que me invitaba a celebrar. ¿Por qué no? Si mi gente me había rechazado tan rotundamente, ¿por qué no unirme a esa celebración de la vida?

Impulsado por una sensación que nunca antes había experimentado, me arrojé hacia la ventana. Y por fin sentí que un mundo nuevo se abriría para mí. Logré la liberación de todas las amarras que me habían mantenido atado a un pasado que se había tornado insoportable. Y me proyecté al infinito con el deseo profundo de unir mi cuerpo a esa hermosa masa de difusos seres impolutos.

Hasta ese momento crucial, el protagonista de esta historia había gozado de todos los beneficios materiales que tan generosamente su nuevo país le había otorgado. Sus vecinos celebraron su partida. Nadie en su país de origen se enteró de su destino. Ni siquiera su hermano que periódicamente sigue intentando reestablecer una comunicación que nunca entendió porqué se había interrumpido.-

Llegaron las elecciones

Como nunca había podido votar en mi país de origen, debido a largos años de dictaduras militares, me sentía muy emocionado al poder participar en las elecciones presidenciales de los Estados Unidos. Ninguno de mis compañeros de la universidad había manifestado interés; al contrario, algunos ignoraban por completo el proceso electoral (y ni qué decir sobre los debates entre los candidatos a presidente), otros se expresaban en forma despectiva hacia las elecciones, como si fuera una completa pérdida de tiempo, como si nada se pudieraa cambiar, como si todos los políticos fueran corruptos... Se resignaban a una realidad que, aunque les resultaba insoportable, era absolutamente imposible de modificar. Proviniendo de un país latinoamericano, era lógico que mis posiciones políticas fueran más progresistas que las de la mayoría de los estadounidenses. Y era lógico también que estuviera ansioso por votar.

Era el año 2067. El país se había transformado en un país subdesarrollado, producto de tantas guerras y de tantos gobiernos corruptos. A lo largo de este siglo, ya habían sido destituidos tres presidentes: uno por traición a la patria, otro por corrupción y el tercero por desequilibrio mental. Me resultaba extraño vivir en un país que, de ser la potencia más importante del mundo, había pasado a ser un país tercermundista. La transformación no se produjo de forma gradual sino abrupta. Desde que el primer presidente había sido sacado del poder por compartir secretos militares con el gigante de Asia, y por beneficiar económicamente a otro país, el pueblo había perdido la confianza en los políticos y toda esperanza en lograr un futuro mejor. Ya nadie quería votar. Unas elecciones presidenciales se hicieron dos veces por falta de votantes. Hubo un año en el que se registraron más candidatos que votantes. Siempre podía encontrarse gente interesada en conseguir poder. El año 2067 no era la excepción. A pesar de mi juventud y falta de experiencia, tuve varios ofrecimientos para ser candidato a diversos puestos tanto en el gobierno estatal como en el federal. No me ofrecieron la candidatura presidencial porque no sabía el idioma. Algunos me dijeron que no importaba, pues al presidente no lo escuchaba nadie.

Intenté revisar escrupulosamente cada una de las listas de candidatos a presidente y vicepresidente. Cinco partidos políticos habían logrado conseguir postulantes. La gente estaba obligada a votar por la simpatía que le inspiraba alguno de los candidatos, pues ninguno había mostrado su plan de gobierno. Ni siquiera habían presentado su declaración de impuestos. Todos los candidatos eran hombres anglosajones mayores. En la mayoría de los estados las minorías tenían expresamente prohibido votar. Ni los latinos, ni los negros, ni los nativos podían acudir a las urnas. Tampoco las mujeres podían votar. Los gays, ni pensarlo. Me consideré muy afortunado en vivir en un estado donde se me permitiera votar. Aunque, en realidad, si hubiera tomado la ley al pie de la letra, tampoco yo debí haber votado, pues era evidente la prohibición de votar a quienes eran oriundos de otro país.

Por fin llegó el tan ansiado día de elecciones. En verdad, me daba la impresión de que yo era el único en todo el país que estaba ansioso por votar. Ese día me levanté temprano. Me di una ducha de agua helada, hice mis ejercicios de yoga, me vestí con mi mejor traje, y seguí todas las indicaciones de la autoridad electoral: no usar perfume, llevar el sobre preparado con el voto en su interior, llegar entre las nueve y las once de la mañana a la iglesia donde me correspondía votar. Tal como esperaba, yo era el único votante de mi barrio. No encontré a nadie. Al abrir la puerta principal de la iglesia observé una urna prolijamente colocada en el altar. Sigilosamente me acerqué y deposité mi voto. Con la misma parsimonia caminé hacia la salida. Volví a ver la urna como si me despidiera para siempre de un gran amigo. Abandoné la iglesia con un dejo de nostalgia. Un millón de imágenes pasaron por mi mente, como si fuera una película en cámara rápida. Mi familia, mis amigos, los recuerdos de mi país de origen se arremolinaban en mi mente.

Conduje mi viejo auto de cinco puertas como con desidia. Abrí todas las ventanillas para dejar entrar la brisa del mar y así tratar de despabilarme un poco. La monotonía del ritmo de la iglesia, con sus imágenes que por momentos me parecían amenazantes, me había adormecido un poco. La mezcla poco feliz de rosas con geranios de colores estridentes plantados a lo largo del bulevar principal me había puesto de mal humor. Al llegar a mi casa me apresuré a encender el televisor. Nada. No pude encontrar ninguna información sobre las elecciones. Observé la realidad a través de la ventana del comedor. La gente caminaba, como todos los días, a paso normal.-

La puerta interior

Era el cumpleaños de Jesús. Todos sus amigos habían sido invitados a la fiesta. Como Jesús no tenía muchos bienes materiales, tuvo que realizar la reunión en el pequeño apartamento donde vivía, ubicado en una pequeña ciudad del sur del estado de Illinois. Sin ventanas ni ninguna otra fuente de luz natural, la diminuta sala parecía aún más chica debido al color blancuzco de las paredes: cuatro superficies absolutamente vacías.

El centro de la sala estaba ocupado por una mesa con un pastel de forma triangular, con treinta y tres velitas apagadas. Los únicos muebles que, aparte de la mesa, colmaban el insignificante ambiente, eran cinco sillas. Exactamente la misma cantidad de personas habían sido invitadas: sólo cinco.

El primero en llegar fue José, un joven de larga cabellera y sin afeitar, que vestía en forma notablemente desprolija. Todo en él era descuido. Como sentía confianza con todo el mundo, o al menos eso era lo que aparentaba, no esperó a ser recibido. Luego de tocar el timbre abrió la puerta y entró al apartamento. De inmediato tomó asiento. Al ver que nadie aparecía, introdujo el dedo índice de su mano derecha en el centro mismo del pastel; y de ahí a la boca.

-Insípido -se dijo a sí mismo.

El segundo invitado no tardó en llegar. José abrió la puerta como si fuera el anfitrión.

-Doctor Mendoza -se presentó el nuevo visitante. Y con un aire de suficiencia magistral recorrió con su mirada la indumentaria de quien lo recibía con demasiada confianza. Pero no era altanería (según su forma de juzgarse a sí mismo), pues lo importante era definir el status que cada uno había ganado "con el esfuerzo de su cerebro." Tal vez el otro habría sudado la frente. Él no... él trabajaba con el intelecto. Sin embargo, José le correspondió con un gesto de desprecio, mientras pensaba acerca de la mediocridad de su interlocutor.

La tercera persona en llegar fue Magdalena, quien luciendo una cantidad apreciable de joyas entró acompañada de su nuevo marido... su última adquisición. Esta pareja prefirió guardar silencio luego de enterarse que el "festejado" aún no se había hecho presente... estaría tal vez en otro cuarto.

En realidad, nadie sabía si esa puerta interior conducía a otra habitación, al baño o a la cocina, ni si Jesús estaba allí. Ante esta posibilidad, José golpeó insistentemente esa puerta, pero no tuvo respuesta.

El último invitado en llegar fue un anciano. Entró con mucha dificultad al apartamento, pues a su renguera se le unía un acceso de asma que pudo superar sólo después de sentarse. A pesar de su estado no recibió ayuda de ninguno de los allí presente.

-Ángel –se presentó con una agradable sonrisa.

Sin aire acondicionado ni ventanas, el ambiente se tornaba cada vez más sofocante. Era un verdadero infierno.

A José le parecía divertida la situación, aunque no dejaba de pensar, no poco confundido, en lo extraño de la misma.

Por fin, Magdalena se levantó y decidió abrir la puerta interior para comprobar que lo único que se ocultaba detrás de la misma era, lo que parecía ser, un oscuro y profundo armario vacío. Una mueca de desagrado se dibujó en el rostro de la única dama del grupo.

El primero en romper el silencio fue el esposo de Magdalena, quien propuso que, dado que el anfitrión no aparecía y ya habían pasado cuarenta y cinco minutos desde la hora fijada para la fiesta, lo más adecuado era retirarse.

José se opuso rotundamente a ese planteamiento, y le dijo al esposo de Magdalena que uno iba a una fiesta no para ver a una sola persona, y que aunque apareciera Jesús no se limitaría a hablar con él.

Magdalena salió en defensa de su esposo, poniendo en claro que éste le había hablado a ella y que no se entrometiera en la conversación, y que en definitiva era cosa de ellos si se iban o se quedaban. Además, no era cuestión de quedarse en un apartamento ajeno con gente desconocida. Y por último, ellos acababan de conocer a Jesús, de manera que todavía no podían estar seguros de qué tipo de fiesta o reunión sería esa. Finalmente agregó que ellos no pondrían las manos en el fuego por Jesús ni por nadie.

-Yo también tengo poco tiempo de conocerlo -dijo el doctor Mendoza.

-En realidad, luego de divorciarme me trasladé a esta ciudad y no conozco a mucha gente -señaló.

Evidentemente el que llevaba el tono de la conversación

era José, quien contaba con el "prestigio" de resultarles chocante a todos los demás invitados. Para colmo, al desalineado joven se le ocurrió que partieran el pastel... al menos "para hacer algo." Y como no había cuchillo, él mismo lo cortaría con la mano. Esta nueva "locura" de José fue rechazada tajantemente por Magdalena, quien aceptó la propuesta de su esposo y poniéndose de pie le indicó a éste que se fueran.

Por fin el anciano se animó a decir unas palabras:

-Por favor, señora, no se vayan.

Magdalena lo miró extrañada y no supo qué decir. Como empujada por una fuerza desconocida se desplomó en una silla. Su esposo, imitándola, se sentó a su lado.

Todos esperaban que el anciano explicara su pedido. Sin embargo, calló... Sólo se quedó mirando a los otros cuatro con una expresión de esperanza.

-¿Hace mucho que conoce a Jesús? —le preguntó José al anciano. Este continuó observándolos a todos y respondió:

-Desde siempre.

José se encogió de hombros y concentró su mirada en la fastidiosa pareja.

-De todos modos, ¿qué tanto tienen ustedes que hacer?

Magdalena le respondió con un tono agresivo:

-Usted es un impertinente. No es asunto suyo. De todos modos, para que sepa, mi esposo es una persona muy importante; trabaja en el Servicio de Inmigración de los Estados Unidos.

-¡La migra! —respondió José con igual desprecio. —Seguro que está en contra de nuestra propia gente.

-Fíjese que no –le contestó rápidamente Magdalena. –Ahora mismo está lidiando con un grave problema: una ola de niños está invadiendo nuestro país.

-Supongo que los estará ayudando –dijo José dirigiéndose a don Alfonso. Este ignoró lo que había escuchado y le hizo señas a su esposa para que diera fin a la conversación.

Magdalena, sin poder quedarse callada, agregó:

-¿Ayudarlos? Esos niños, que vienen sin la compañía de un adulto, están llegando de a cientos... miles. Vienen a usufructuar los servicios de este país.

-Vienen escapando de la tremenda pobreza que hay en sus países, y de la inseguridad provocada por los traficantes de drogas –señaló José con gran convencimiento.

En ese momento Magdalena decidió cambiar de estrategia involucrando a otro de los invitados:

-¿Adónde vamos a ir a parar? La generosidad empieza por casa, ¿no le parece?

El Dr. Mendoza se ruborizó e hizo un gesto confuso. No se sabía si eso significaba que apoyaba la pregunta retórica de Magdalena o se oponía.

-Es increíble la situación a la que hemos llegado, ¿no le parece? –insistió Magdalena con firme gestualidad.

El Dr. Mendoza asintió sin pronunciar palabra.

-¡Todos somos inmigrantes! –replicó José. –Los documentos son una mera formalidad.

-De ninguna manera –dijo Magdalena, poniéndose cada vez más nerviosa. Los documentos sirven para poner orden en la sociedad. Y no somos todos iguales. Absolutamente no. Nosotros somos perfectamente legales; más aún, somos ciudadanos de esta gran nación.

-¿Y qué pretende hacer con esos niños que llegan a la frontera? ¿Deportarlos? ¿Ponerlos en una cárcel?

-Hay lugares transitorios donde pueden estar hasta que sus familiares sean localizados –puntualizó Magdalena.

-¡Son cárceles!!! –gritó José.

-Nada de eso.

-Sí, son cárceles. Puro negocio. Cárceles privadas que se deben llenar para aumentar las ganancias de sus dueños.

De pronto, una suave brisa recorrió el ambiente... aunque no había ventana... ni puerta abierta. Magdalena sintió un escalofrío desagradable. Su esposo también. Todos se miraban anonadados. Los ojos del anciano se clavaron en los de José.

-¡Qué absurdo es todo esto! -exclamó Magdalena.

-¿Absurdo? -preguntó José. -No, nada de absurdo -puntualizó.

-Pero si todo está muy claro. ¿No lo ve? ¿Pero no ven esos rostros... sus propios rostros... esas miradas? ¿No se dan cuenta de lo que están pidiendo ustedes mismos... ahora mismo... aquí mismo?

Y habiéndose dado cuenta de su propia actitud, el joven rebelde se puso de pie, abrió la puerta, y mientras se retiraba les dijo:

-Perdimos una nueva oportunidad. Tal vez la última...

El Dr. Mendoza se levantó rápidamente, como impulsado por las palabras de José, y lo siguió hacia la calle. Magdalena y su esposo, sin querer hacer caso a lo que José decía, permanecieron unos segundos más sentados, pero con evidente incomodidad, hasta que también se fueron yendo del diminuto apartamento.

El anciano fue el único que permaneció inmóvil. Y cuando los otros se habían ido, entró por la puerta interior.-

Made in the USA
Coppell, TX
02 September 2021

61532432R00062